Croyez en vous

même si on vous trouve fou !

Catalogage avant publication de Bibliothèque et Archives nationales du Québec et Bibliothèque et Archives Canada

Fisher, Marc, 1953-

    Croyez en vous même si on vous trouve fou ! ; suivi de ; Le bonheur d'être moi

    ISBN 978-2-89225-720-5

    1. Fisher, Marc, 1953- .   2. Art d'écrire. I. Titre. II. Titre : Le bonheur d'être moi.

PS8581.O24Z47 2010   C843'.54   C2010-941082-3
PS9581.O24Z47 2010

Adresse municipale :
Les éditions Un monde différent
3905, rue Isabelle, bureau 101
Brossard (Québec), Canada
J4Y 2R2
Tél. : 450 656-2660 ou 800 443-2582
Téléc. : 450 659-9328
Site Internet : http://www.umd.ca
Courriel : info@umd.ca

Adresse postale :
Les éditions Un monde différent
C.P. 51546
Succ. Galeries Taschereau
Greenfield Park (Québec)
J4V 3N8

© Tous droits réservés, Marc Fisher, 2010
©, Les éditions Un monde différent ltée, 2010
Pour l'édition en langue française

Dépôts légaux : 4e trimestre 2010
Bibliothèque nationale du Québec
Bibliothèque nationale du Canada
Bibliothèque nationale de France

Conception graphique de la couverture :
OLIVIER LASSER et AMÉLIE BARRETTE

Photo de l'auteur :
PHILIPPE LATULIPPE

Photocomposition et mise en pages :
ANDRÉA JOSEPH [pagexpress@videotron.ca]

Typographie : Bembo 13,6 sur 15 pts

ISBN 978-2-89225-720-5

Nous reconnaissons l'aide financière du gouvernement du Canada par l'entremise du Programme d'aide au développement de l'industrie de l'édition pour nos activités d'édition (PADIÉ).

Gouvernement du Québec – Programme de crédit d'impôt pour l'édition de livres – Gestion SODEC.

Gouvernement du Québec – Programme d'aide à l'édition de la SODEC.

IMPRIMÉ AU CANADA

MARC FISHER

Croyez en vous
même si on vous trouve fou !

suivi de
LE BONHEUR D'ÊTRE MOI

UN MONDE DIFFÉRENT

Du même auteur chez le même éditeur

L'Ouverture du cœur: Les principes spirituels de l'amour incluant: Le nouvel amour courtois, éditions Un monde différent, Brossard, Canada, 2000, 192 pages.

Le Bonheur et autres mystères... suivi de La naissance du Millionnaire, éditions Un monde différent, Brossard, Canada, 2000, 192 pages.

La vie est un rêve, éditions Un monde différent, Brossard, Canada, 2001, 208 pages.

L'Ascension de l'âme: Mon expérience de l'éveil spirituel, éditions Un monde différent, Brossard, Canada, 2001, 192 pages.

Le Testament du Millionnaire, sur l'art de réussir et d'être heureux, éditions Un monde différent, Brossard, Canada, 2002, 144 pages.

Les Principes spirituels de la richesse, suivi de Le Levier d'or, éditions Un monde différent, Brossard, Canada, 2005, 192 pages.

Le Millionnaire paresseux, suivi de L'art d'être toujours en vacances, éditions Un monde différent, Brossard, Canada, 2006, 240 pages.

Le Philosophe amoureux: L'amour, le mariage (et le sexe...) au 21ᵉ siècle, éditions Un monde différent, Brossard, Canada, 2007, 192 pages.

Le plus vieux secret du monde: Petit compagnon du Secret, éditions Un monde différent, Brossard, Canada, 2007, 176 pages.

Le Secret de la rose: Le dernier message du Millionnaire, éditions Un monde différent, Brossard, Canada, 2008, 192 pages.

L'Apprenti Millionnaire: le testament d'un homme riche à son fils manqué, éditions Un monde différent, Brossard, Canada, 2009, 192 pages.

Croyez en vous même si on vous trouve fou! suivi de Le bonheur d'être moi, éditions Un monde différent, Brossard, Canada, 2010, pages.

Sommaire

PREMIÈRE PARTIE
Croyez en vous même si on vous trouve fou !

DEUXIÈME PARTIE
Le bonheur d'être moi

Croyez en vous
même si on vous trouve fou !

1
Comment a démarré ma carrière

À l'approche de mes trente ans, bien des gens autour de moi, animés des plus nobles sentiments, commencèrent à me répéter : « Prépare-toi : à trente ans, tu vas faire une prise de conscience, tu vas voir les choses différemment. »

Bien honnêtement, je ne savais guère de quoi ils voulaient parler et je me demandais pourquoi on me prévenait si gentiment.

N'empêche, je me mis à attendre mon trentième anniversaire avec une certaine impatience.

Lorsqu'il arriva enfin, j'éprouvai une grande déception, car il ne se passa rien.

Mais à trente et un ans, la révolution intérieure qu'on m'avait annoncée se produisit enfin, en tout cas j'eus cette fameuse prise de conscience.

Je travaillais à l'époque dans une maison d'édition où j'occupais les fonctions de directeur littéraire. J'aimais ce travail, je l'adorais même, surtout qu'on m'avait toujours permis de l'exercer à temps partiel, à raison de deux jours semaine, le lundi et le jeudi, si bien qu'il me restait cinq jours pour me consacrer à mon travail de romancier, ma véritable passion.

Je me mis à réfléchir donc.

Voici le raisonnement simple mais accablant que je me tins : « Dans neuf ans, tu auras quarante ans ! »

Âge qui me paraissait un véritable épouvantail, et auquel je retournerais volontiers aujourd'hui, si du moins je pouvais emporter avec moi toute mon expérience !

« Oui, continuais-je, pas affolé, certes, mais quand même préoccupé, tu auras quarante ans, et il sera trop tard pour te lancer ! Tu ne deviendras jamais romancier, si tu attends… »

Comme pour compliquer – ou faciliter ! – ma décision, c'est ce moment que choisit mon patron pour me demander de devenir directeur littéraire à temps plein. Nous étions débordés, la maison d'édition prenait de l'expansion et puis, il m'aimait bien, il me prédisait un grand avenir dans la boîte, j'étais son dauphin, je le remplacerais un jour, car il approchait de l'âge vénérable de la retraite. Il ajouta que, bien entendu, j'aurais une augmentation substantielle : il triplerait mon salaire, à la vérité.

Plusieurs de mes amis, à qui je m'ouvris de cette proposition, l'accueillirent avec enthousiasme. C'était un *no brainer,* comme on dit en anglais, une décision qui ne demandait pas de génie. J'aurais enfin des émoluments décents, je pourrais emménager dans un appartement plus grand, acheter une plus belle voiture, cesser de vivoter financièrement et rentrer dans le rang en somme.

Je promis à mon patron que je réfléchirais, mais à la vérité mes cogitations prirent un tout autre tour, et ressemblèrent sans doute à celles que j'aurais dû avoir un an plus tôt.

Parce que je savais très bien que si je disais oui à mon patron, je pouvais dire adieu à ma carrière de romancier.

Il ne me resterait plus assez de temps, je dépenserais trop de matière grise dans mon travail pour pouvoir écrire. On ne peut avoir deux maîtres, en tout cas pas quand un de ces deux maîtres est aussi exigeant que le métier de romancier.

Mais la proposition était tentante, mes amis n'avaient peut-être pas tort. Mes amis qui me disaient sans me dire, pour ne pas me froisser, que peut-être mon avenir de romancier n'était pas si assuré que je le croyais, que, même, c'était un rêve insensé, que j'étais fou de m'acharner.

Car si on se fiait aux statistiques, combien de romanciers pouvaient prétendre vivre de leur plume, au Québec, je veux dire décemment. Une poignée… Dix, peut-être vingt, et encore, pendant combien de temps ? La gloire littéraire est si éphémère, et la vie si longue en comparaison. Je pense ici par exemple à l'admirable Marie-Claire Blais, un de nos plus beaux talents, qui a gagné le prix Médicis avec *Une saison dans la vie d'Emmanuel*, un fait d'armes remarquable en littérature et qui est presque tombée dans l'oubli à peine dix ans après.

Ce que mes amis me disaient sans me dire, c'est aussi que si j'avais autant de talent que je le croyais, comment se faisait-il que mes six premiers romans – eh oui, j'en avais déjà commis six – s'ils avaient tous été publiés, n'avaient pas connu un très grand succès de librairie. Mes deux premiers avaient certes été réimprimés quelquefois, mais les quatre suivants n'avaient pas marché. Et surtout, aucun ne m'avait valu une critique dithyrambique ni même bienveillante. En fait, les critiques les avaient complètement ignorés. Peu importe la raison, je n'étais visiblement pas leur *cup of tea.*

N'était-ce pas un message, du reste fort clair, que m'envoyait la Vie?

Il me fallait combien d'échecs pour que je comprenne enfin qu'il valait mieux jeter la serviette et donner à ma vie une autre direction?

Quand doit-on s'arrêter?

Quand doit-on accepter l'échec, et se dire: «*Je tourne la page, je passe à autre chose!*»

Six romans qui n'avaient été que des demi-succès, et certains des flops retentissants, n'est-ce pas assez pour ouvrir les yeux d'un auteur? Quand l'acharnement, au lieu d'être admirable, devient-il de l'imbécillité?

Ces questions si importantes, que plusieurs (gens d'affaires, artistes, athlètes, inventeurs, acteurs, professionnels qui ouvrent leur bureau…) se posent à un moment ou l'autre de leur vie, souvent en début (difficile) de carrière, ou après un échec ou une série d'échecs, n'ont pas, je crois, de réponses toutes faites.

C'est du cas par cas, comme on dit.

Parfois, on a le sentiment, à ses débuts, ou dans des périodes difficiles, de se trouver sur un vert au golf, devant un coup roulé de cent pieds (environ trente mètres). Tous ceux qui jouent au golf (et les autres peuvent se l'imaginer aisément) savent combien les chances de le réussir sont limitées. Il peut tomber au premier essai certes, mais il peut tomber au dixième, au centième essai, ou encore, statistiquement… NE JAMAIS TOMBER !

Mais il est préférable de ne pas envisager cette possibilité, sinon aussi bien abandonner immédiatement.

Il faut penser, chaque fois qu'on tente le long coup roulé, que, statistiquement, on a des chances minces, mais réelles de le réussir et que, en tout cas, c'est bien moins difficile que de faire un trou d'un coup ! Et pourtant, tous les jours dans le monde, des centaines de gens font des trous d'un coup, et des centaines de gens deviennent millionnaires, parviennent à réaliser leur rêve.

J'ajouterai ceci : je crois que si la persévérance, l'optimisme, la chance peuvent jouer dans tout succès, il faut aussi, il faut surtout, à la base, une vision lucide de sa valeur, peu importe le domaine qu'on choisit : une ambition qui excède par trop le talent est la recette infaillible du malheur.

Par exemple, j'ai beau être l'homme le plus positif du monde, je sais bien que, même jeune, je n'aurais jamais pu devenir un golfeur professionnel. Je n'avais tout simplement pas le physique pour ça.

Avec le talent intellectuel, c'est un peu différent, c'est moins apparent, moins visible à l'œil nu.

Comme le disait Pascal, l'homme qui boite sait qu'il boite : il le voit. Tout le monde le voit d'ailleurs. Mais l'homme dont le jugement est boiteux ne le sait pas en général, car son esprit est à la fois juge et partie.

D'où le problème.

D'où le drame dans la vie de la personne qui rêve et s'acharne dans un domaine qui ne lui convient pas, qui est au-dessus de son talent.

Mais je m'en voudrais de m'arrêter là, sur cette vérité un peu déprimante. Et je voudrais ajouter ceci, qui vous paraîtra sans doute contradictoire, mais qui du moins est plus divertissant : dans certains cas, on peut prendre tout ce que je viens de dire sur l'importance du talent et le jeter à la poubelle.

Pourquoi ?

Parce que, – et c'est sans doute la nouvelle la plus réjouissante de toute l'histoire de l'humanité – comme a dit Socrate : « L'homme est perfectible. »

Oui, je le crois profondément, l'homme est perfectible, surtout s'il décide de plonger en lui-même et de déclencher les forces incroyables qui sommeillent en lui.

Cette explosion intérieure, ou si vous voulez ce que les bouddhistes appellent l'« entrée dans le courant », donc dans la vie spirituelle, peut transformer quelqu'un du tout au tout, lui donner du génie, et c'est d'ailleurs ce qui est arrivé à plusieurs artistes et écrivains qui, après avoir connu l'illumination, parfois sans vraiment savoir ce qui leur arrivait, ont pour ainsi dire accouché de leur talent.

Chose certaine, je peux vous dire que si vous pouviez lire mes premiers écrits, vous seriez convaincu que l'homme est perfectible.

Ils sont si maladroits, si dépourvus de tout talent, – et je ne le dis pas par fausse modestie pour que vous me contredisiez – que vous

vous disiez : *comment a-t-il fait et surtout, pourquoi s'est-il acharné, avec au départ si peu de dispositions ?*

La vérité – et ça vous semblera un peu bizarre sans doute – est que, à mon avis, je n'étais pas destiné à devenir romancier en cette vie. Ma vie était plutôt une vie préparatoire pour devenir romancier en ma prochaine vie, avec un succès précoce sans doute, vu mes années actuelles de préparation. (Comme vous voyez, je crois à la réincarnation.) Mais comme je me suis acharné, comme surtout je me suis développé intérieurement, particulièrement au cours de mon ascèse de jeunesse (voir mon livre *L'Ascension de l'âme*), je suis arrivé à un talent qui, sans être immense, me permet de vivre de ma plume, ce qui était mon rêve.

Ça m'a pris beaucoup de temps, je sais, presque vingt ans.

Si j'avais lu Guitry, plus jeune, j'aurais été prévenu. Il a écrit en effet : « Réussir, c'est faire à quarante ans ce qu'on rêvait de faire à vingt ans. »

Mais honnêtement, ça ne m'a pas paru si long.

Pourquoi ?

Simplement parce que j'aimais ce que je faisais.

Et le temps, si long quand le cœur n'y est pas, passe si vite quand on aime ce qu'on fait.

C'est important de gagner sa vie certes, peu y échappent, mais le plus important n'est-il pas de s'amuser ?

OUI, S'AMUSER !

Faire ce qu'on aime, ce qui nous allume, ce qui nous fait vibrer, sinon on risque de se dessécher intérieurement, de s'ennuyer mortellement, et pire encore de… vieillir prématurément !

Car n'est-ce pas cela, au fond, vieillir ?

Mais reprenons le fil de notre récit.

Incapable de prendre une décision au sujet de la proposition de mon patron, je fis traîner les choses. Le dicton dit : « Quand le fruit est mûr, il tombe. »

Eh bien, deux mois plus tard, non seulement était-il mûr, mais il me tombait en plein visage !

Ma décision était prise : malgré l'échec de mes derniers romans, malgré le silence systématique de la critique, non seulement je n'accepterais pas la proposition de mon patron, mais je ferais quelque chose d'encore plus fou, en tout cas aux yeux étonnés de mes amis : je quitterais la maison d'édition pour me lancer à temps plein dans la carrière de romancier!

Comme si j'avais inconsciemment prévu ce qui m'arrivait, j'avais, depuis trois ou quatre ans, fait des économies. J'avais sagement fait prélever de mon maigre salaire une centaine de dollars par semaine, épargne invisible et peu douloureuse qui se révélait fort utile.

Mon appartement ne me coûtait pas cher ni ma petite voiture, et je vivais plutôt frugalement. Et puis comme je n'avais pas charge d'âmes, comme je n'étais pas marié et n'avais pas d'enfants, si j'échouais, il n'y aurait que moi qui en souffrirais.

Je voulus pourtant m'ouvrir à mon père de mes intentions avant de l'annoncer officiellement à mon patron.

Je pris rendez-vous avec lui, non sans une certaine nervosité. Mon père était fiscaliste, et je me doutais bien qu'il n'accueillerait pas avec un enthousiasme délirant mon projet de tout quitter pour vivre de ma plume, même si, d'une certaine manière, il était en quelque sorte responsable de ma décision un peu folle. Je m'explique.

Lorsque nous étions jeunes, mes sœurs et moi, mon père nous encourageait en effet à la lecture en nous payant dix cents de l'heure pour lire ! Pédagogie un peu singulière, je n'en disconviens pas, mais qui fonctionnait à merveille, car il m'arrivait souvent de gagner deux dollars par semaine comme fruit de mes patientes lectures !

Plusieurs années plus tard, me rappelant que, enfant, j'avais été payé pour lire, je m'imaginais, un peu naïvement, que je pourrais être… payé pour écrire, donc vivre de ma plume !

Mon père me reçut dans le living familial, confortablement calé dans le fauteuil de cuir sombre où il lisait souvent ou révisait quelque dossier.

J'éprouvai un certain malaise, car même si notre relation était parfaite et sans nuages depuis des années – je ne me souviens pas en effet avoir eu un seul argument avec lui de toute ma vie ! – nous avions rarement, sinon jamais, discuté de sujets personnels. De vrais hommes, en somme ! J'allai droit au but :

« Papa, j'ai trente et un ans, dans neuf ans, je vais avoir quarante ans… »

Je n'eus même pas le temps de parler de mon projet.

Fiscaliste, mon père était aussi, était surtout, conseiller auprès de nombreux hommes d'affaires, ce qui veut dire qu'il avait l'habitude de se faire rapidement une idée sur les hommes, de les «lire». Il m'arrêta au beau milieu de ma phrase, et ne manqua pas de m'étonner en disant :

«Tu veux quitter ton emploi ?

— Euh, oui, avouai-je, en rougissant», car personne n'aime qu'on le devine, surtout aussi aisément.

Je m'attendais à une tempête ou en tout cas à une remontrance, mais il m'étonna au plus haut point, comme quoi je le connaissais mal (mais quel fils connaît son père ?) en décrétant :

«Si tu ne le fais pas tout de suite, tu ne le feras jamais !»

Si tu ne le fais pas tout de suite, tu ne le feras jamais…

Il ajouta pourtant ceci, qui était probablement inévitable dans la bouche d'un conseiller financier, surtout quand il s'adresse à son fils :

«Par contre, ta courbe économique risque de connaître un léger fléchissement au cours des prochaines années.»

En un mot comme en mille, il me prévenait, en mettant des gants blancs : «Tu vas crever de faim, fiston !»

Mais je devais tenir de lui, optimiste à tous crins. Et au lieu de laisser son avertissement à peine voilé me décourager, je retins la première partie de ses conseils : « Si tu ne le fais pas tout de suite, tu ne le feras jamais ! »

Je crois d'ailleurs que ce conseil vaut pour la plupart de nos projets sinon tous.

Que bien souvent, nous nous emballons pour une idée, un projet, un être, mais que nous hésitons à plonger, et que cette hésitation est souvent fatale : l'idée, le projet – l'être – ne nous semblent plus aussi excitants le lendemain ou le surlendemain.

Le doute, compagnon trop familier, hydre aux mille têtes, s'est emparé de nous, pire encore nous a calmés, nous a « assagis », pas dans le bon sens du mot, évidemment. Nous sommes revenus à la raison : la folle idée a été reléguée aux oubliettes. On rentre dans le rang qu'on n'aurait jamais dû quitter. On redevient « normal », on redevient comme tout le monde.

On est déçu de soi certes : on s'est menti, on s'est trahi.

Mais on ne dit rien.

La vie continue : on fait comme si de rien n'était !

C'est facile, si facile, tellement plus facile que de foncer dans l'inconnu, le terrible INCONNU.

Pourquoi nous effraie-t-il à ce point?

Pourquoi le pare-t-on si souvent des vêtements les plus horribles?

Parce qu'on a échoué dans le passé?

Mais tous ceux qui ont fait de grandes choses ont connu des échecs et parfois fort nombreux...

Mais la peur, oui, la PEUR, faite de cent petites peurs invisibles, mais puissantes comme les fils qui retenaient Gulliver, prisonnier des lilliputiens, l'emporte sur nos rêves, nous paralyse.

Elle anéantit nos ambitions.

Elle les égorge commodément comme des moutons qu'on mène à l'abattoir: c'est... le silence des agneaux!

Ou bien on laisse anéantir nos rêves par les autres.

Par ceux qui nous trouvent fou.

Mais en général, ceux qui donnent ces conseils, ces avertissements, sont des gens qui n'ont jamais pris de risque dans leur vie.

Avez-vous déjà rencontré quelqu'un qui a réussi et qui… N'A PAS PRIS DE RISQUE à un moment ou l'autre ?

Pas moi !

Avec le temps, je me rends compte que le succès au fond ne tient pas tellement au nombre de diplômes, à l'argent ou aux contacts dont vous disposez au départ.

Il tient plus à l'audace, au fait de passer à l'action même si on n'est pas parfaitement sûr de l'issue et qu'on conserve des doutes.

Il y a en réalité deux catégories de gens :

1. ceux qui ne se posent pas trop de questions et qui plongent.

2. ceux qui se posent beaucoup de questions et qui… ne plongent jamais !

Inutile de préciser à quelle catégorie appartiennent ceux qui réussissent !

Mais revenons à la conversation décisive que j'avais avec mon père. Il venait de me dire de sa belle voix calme et sonore : « Si tu ne le fais pas tout de suite, tu ne le feras jamais… »

Pas besoin d'être un génie ou même un homme d'esprit pour comprendre qu'il me mettait au pied du mur, qu'il ne me laissait pas le choix.

Le lendemain je donnais à mon patron ma démission.

2

Je fais le grand saut

Démissionner peut être – et est souvent – exaltant.

Tout à coup, on se retrouve complètement libre. On a retiré le collier qui nous étouffait.

Cette liberté est grisante, forcément, mais elle comporte aussi son revers. Son revers dont on prend rapidement conscience. En raison de ce que j'appelle le «syndrome du jeudi».

En effet, lorsque vous travaillez, je veux dire lorsque vous avez un emploi traditionnel, vous recevez tous les jeudis une fort brève lettre qui ne comporte qu'un montant, votre nom et celui de votre patron : c'est votre chèque de paie !

Lorsque vous avez remis votre démission, vous ne le recevez plus, et ça cause en vous un certain émoi : c'est… le syndrome du jeudi !

De la manière dont vous vivez ce syndrome dépend votre avenir − et votre santé, mentale et souvent physique bien sûr, car les deux vont main dans la main, comme les deux côtés d'une même pièce de monnaie.

En effet, si ça vous stresse trop de ne pas recevoir de chèque, si vous sentez que vous développez un ulcère d'estomac, que votre pression monte dangereusement, que votre cœur palpite, vous vous êtes peut-être leurré sur les vertus de la liberté et surtout sur votre capacité à faire cavalier seul.

Peut-être vaut-il mieux rebrousser chemin, et rentrer dans le rang. Votre orgueil en prendra peut-être un coup, mais c'est infiniment préférable que de faire une rupture d'anévrisme ou un infarctus.

Acceptez humblement que les gens aient raison de vous dire que vous étiez fou de vous lancer dans telle entreprise.

Il ne vous reste plus qu'un choix, deux en fait.

Regroupez-vous, comme on dit, et pensez à une nouvelle stratégie.

Ou encore, apprenez à aimer votre travail !

Ça se fait.

Ça s'est vu.

Faites de la méditation.

Apprenez à vous détendre.

Essayez de voir différemment vos compagnons de travail, votre patron, vos clients.

Dites-vous (et surtout comprenez ce que veut dire) : « *On m'a donné un citron, j'en ferai de la limonade.* »

C'est mon expérience et ma conviction profonde que lorsqu'on arrive à ne plus éprouver aucune émotion négative par rapport à son travail, ses collègues ou son patron, en général la Vie nous place rapidement dans une autre situation parce que ce qu'on devait apprendre en cette situation et avec ces gens a été appris. Ce stade de notre évolution est complété.

Mais revenons à moi, puisque je me raconte.

Devant le syndrome du jeudi, comment me sentais-je ?

Pas si mal.

J'avais un coussin qui me permettrait, en vivant frugalement, de tenir six mois, ce qui est tout de même rassurant, et puis je ne tardai pas à dénicher de petites commandes d'un éditeur suisse qui, ayant appris mon départ de la maison d'édition où je l'avais rencontré, sollicita immédiatement ma collaboration.

J'adoptai un nouveau rythme. J'expédiais en quelques semaines les commandes qu'il voulait bien me confier, puis je travaillais à mes romans. Et contrairement à ce que mon père m'avait affectueusement annoncé, ma courbe économique ne connut pas de léger fléchissement au cours des années suivantes.

À la vérité, en trois mois, j'avais déjà gagné autant que ce que m'avait rapporté un an de mon salaire précédent !

Mon audace était récompensée, et je crois que c'est fréquent, je veux dire quand on se jette à l'eau : on fait sa chance.

Oui, on FAIT SA CHANCE !

Et si vous croyez les gens qui vous disent que vous êtes fou, vous ne pourrez jamais faire votre chance, ce qui est dommage, non ?

Combien d'opportunités aurez-vous laissé passer ?

Quel talent magnifique – le vôtre – aurez-vous gaspillé ?

Dans ma nouvelle – et fort excitante – situation, je n'écrivais pas exclusivement du roman, certes, mais au moins... j'écrivais! Je faisais ce que j'avais toujours voulu faire, qui était ma véritable vocation.

La chance me sourit.

Quand vous vous retrouvez, − volontairement dans mon cas − en situation de survie, votre cerveau − ou votre subconscient − se met à travailler différemment.

Il se met à avoir plus d'idées.

À avoir aussi, et c'est encore plus important, de meilleures idées.

Je veux dire, des idées L-U-C-R-A-T-I-V-E-S qui vous permettront de vivre votre rêve, peu importe le domaine.

Si tant est bien entendu que vous ayez résisté au «syndrome du jeudi» et que le stress ne vous ait pas donné un ulcère ou une crise cardiaque, bien entendu!

Oui, au lieu d'utiliser seulement dix pour cent de ses capacités, votre cerveau en utilise un peu plus.

Combien plus? Je ne saurais le dire, bien sûr, mais... plus, ça me semble évident.

Et vous commencez à trouver des idées, à former des projets, à inventer des méthodes de faire les choses que vous n'auriez pas eus avant.

Pourquoi ?

PARCE QUE VOUS N'AVIEZ PAS BESOIN DE LES AVOIR !

Et maintenant vous n'avez pas le choix : vous devez être génial, si j'ose dire !

Comme dit le proverbe : « La nécessité est mère de l'invention. »

Et la nécessité aiguise vos sens, elle vous fait voir des choses que vous n'auriez pas vues avant, des opportunités invisibles aux autres qui « sommeillent » dans le confort de leur sécurité.

Comment la chance allait-elle récompenser mon audace ?

En attirant vers moi cet éditeur suisse, certes, mais SURTOUT, en faisant germer dans mon esprit l'idée du *Millionnaire*.

Vous avez sans doute constaté dans votre vie qu'on ne fait jamais rien pour rien, que tout ce qui nous arrive a une utilité dans notre évolution, même si, sur le coup, on ne le comprend pas toujours et que, même, ça nous révolte, nous irrite, lorsque ça ne nous rend pas carrément malheureux.

Eh bien, voici comment j'en eus un autre exemple dans ma vie.

Comme *ghost writer* (écrivain fantôme qui écrit sur commande, sans signer ses ouvrages), j'avais commis pour l'éditeur suisse dont j'ai parlé quelques ouvrages de développement personnel.

Un matin, *sans trop savoir pourquoi, comme par magie*, je me réveillai avec l'idée de présenter ces principes de vie sous forme de conte.

Ne comprend-on pas mieux la théorie à travers une fable, parce que c'est la première forme de narration à laquelle, enfant, on est exposé?

Dans ma jeunesse, j'avais lu avidement Platon.

Presque tous ses dialogues mettent en scène le célèbre Socrate, ce vieux sage excentrique qui enseigne en usant de la méthode dite de la maïeutique, c'est-à-dire la science de faire accoucher les esprits.

Pourquoi ne pas créer un Socrate moderne, qui enseignerait à un jeune homme forcément ignorant et naïf, tous les principes que je voulais mettre de l'avant?

Socrate méprisait ouvertement la richesse.

Comme notre siècle est hautement matérialiste, je pensai que le mentor du jeune homme attirerait davantage l'attention et serait plus crédible s'il comptait à son actif une réussite financière spectaculaire.

Le Millionnaire venait de naître.

Exalté comme je ne l'avais jamais été dans ma jeune carrière, travaillant de huit heures à seize heures, du lundi au vendredi pour conserver un semblant de vie normale (une routine que je n'ai guère changé avec l'âge), j'expédiai le manuscrit en quatre petites semaines.

Et je m'empressai de le porter chez mon éditeur de l'époque, persuadé que gloire et fortune m'attendaient !

3
Premières déceptions
d'auteur

Une semaine plus tard, mon éditeur me télé-phonait pour me dire, sur un ton désolé :

« Marc, je vais être honnête avec toi, je ne vois vraiment pas qui pourrait lire ce livre ! »

Parfois les éditeurs ont raison.

Mais parfois aussi ils ont tort.

En ce cas, il avait tort, car au moment où j'écris ces lignes *Le Millionnaire* s'est vendu à plus de deux millions d'exemplaires et est traduit en plus de vingt langues.

Je pensai que, malgré sa grande expérience – et l'amitié qu'il me témoignait –, cet éditeur appartenait à la deuxième catégorie, en somme qu'il avait tort de refuser mon manuscrit.

Je pensai aussi que lorsque quelqu'un commence une phrase par les mots : «Je vais être honnête avec toi», il confond souvent sa sincérité – qui n'est pas en cause – avec son jugement.

Qui peut être fautif.

En d'autres mots, ce n'est pas parce qu'une personne est honnête avec vous qu'elle a for-cément raison : le monde est plein d'honnêtes gens qui, sans le savoir, ont constamment tort ou sont carrément des imbéciles.

C'est ce que je pensais en quittant le bureau de ce grand éditeur, avec mon petit manuscrit sous le bras, un peu dépité, il est vrai, parce que personne n'aime essuyer un refus, surtout quand il s'attend à un accueil triomphal.

Mon découragement ne dura heureu-sement que quelques jours.

Je ne tardai pas à redresser la tête.

C'était le printemps, il faisait un temps splendide et je ne pouvais admettre la sévère condamnation de cet éditeur.

Je ne pouvais me résoudre à remiser aux oubliettes ce personnage du Millionnaire qui était venu frapper si aimablement à la porte de mon imagination.

J'avais été trop exalté lorsque j'écrivais le livre, et une intuition m'avait aussitôt habité : *Le Millionnaire* voyagerait, il ferait le tour du monde et serait traduit en plusieurs langues.

Pourquoi en étais-je si certain ?

Je ne saurais dire.

Je croyais en moi.

Je croyais en mon petit livre.

Et puis, comme je n'avais que trente et un ans, que je faisais du yoga tous les jours, ce qui est la clé secrète d'une bonne humeur constante, mon optimisme débordait : je ne me laisserais pas arrêter par cette petite contrariété.

Pourtant, pendant plusieurs mois, la réalité allait démentir ma conviction. En effet, je fus incapable de trouver un éditeur. Chacun me répétait dans ses mots, et avec des variantes, ce que le premier éditeur m'avait dit, que j'avais trouvé ridicule, mais qui finalement était peut-être vrai.

Pourquoi ai-je persévéré ?

Je me le demande parfois.

J'aurais pu tout laisser tomber, passer à autre chose. Après tout, c'est ce que j'avais fait avec mon tout premier manuscrit, un pastiche d'un conte voltairien, habile certes, mais comme a si bien dit Hugo : « Un lion qui imite un singe est un singe.»

J'avais passé deux ans à l'écrire, je le croyais formidable mais les premiers refus des éditeurs m'avaient convaincu qu'il était sans réelle valeur.

Ils avaient raison, je l'ai finalement jeté à la poubelle.

Deux ans de ma vie…

Mais jamais rien n'est perdu ni dans la vie en général ni dans la vie d'un romancier qui fait flèche de tout bois.

Nos bonheurs nous aident à supporter les échecs, inévitables en toute profession, nos malheurs alimenteront la vie de nos personnages, qui ne saurait être constamment heureuse sous peine d'être mortellement ennuyeuse.

Alors, pourquoi ne pas jeter ce manuscrit à la poubelle comme mon premier ?

Après tout, il ne m'avait coûté qu'un mois de travail, de travail du reste agréable, facile, exaltant même.

C'est une question qu'on me pose souvent au cours des conférences qu'il m'arrive de donner.

Quand doit-on arrêter, quand doit-on laisser tomber, passer à autre chose?

J'ai un ami qui a écrit un petit livre que je trouve formidable, intitulé: *Arrosez les fleurs pas les mauvaises herbes!*

Il y dit plusieurs choses fort intéressantes, mais entre autres, qu'il faut concentrer ses efforts sur ce que l'on fait avec facilité, dans le plaisir, et à ses yeux l'échec est un signe de la Vie pour passer à autre chose.

Peut-être bien.

Mais si on lit la vie de plusieurs grands hommes, on se rend compte qu'il leur a souvent fallu persévérer envers et contre tous, surmonter des obstacles considérables, qu'on les a souvent crus fous, mais qu'ils ont cru en eux, en leurs idées, en leurs projets et ils se sont moqués de l'opinion des bien-pensants.

Quelle est-elle, au fond, cette opinion?

L'opinion de gens dont bien souvent la vie est monotone, mais qui n'ont pas le courage de la changer, qui se sont résignés.

C'est triste, je n'en disconviens pas, et ils ont sans doute leurs raisons, mais doit-on les laisser nous décourager, doit-on s'inspirer de leur philosophie?

En fait, il me semble que beaucoup de gens laissent tomber trop vite, qu'ils auraient réussi s'ils avaient persévéré.

Moi j'avais décidé de m'acharner, et de faire quelque chose d'encore plus fou pour faire bouger les choses.

4
Je prends un grand risque

Je résolus de suivre l'exemple de nombre de mes devanciers plus célèbres, et de défrayer moi-même les coûts d'impression – assez importants – du livre. Je le fis du reste en m'associant à un ami avec qui je fondai une petite société d'édition qui ne fit pas long feu.

Nous étions inexpérimentés, et le monde de l'édition punit sévèrement l'amateur, à moins qu'il ne soit bardé d'une chance de bossu. Ce qui ne fut pas le cas : il faut dire que l'édition n'était pas notre véritable passion ni à cet associé ni à moi. D'autres affaires plus lucratives l'accaparaient, et mon rêve véritable était d'être écrivain, non pas éditeur.

Le livre vit pourtant le jour et connut un honnête succès, c'est-à-dire que nous parvînmes à écouler le tirage initial de trois mille exemplaires, essentiellement en raison du bouche-à-oreille, qui restera toujours la meilleure – et la moins coûteuse – des publicités.

Malgré ce demi-succès – qui était aussi un demi-échec – je restai insatisfait. Ma gloire demeurait locale. Ma certitude d'un succès outre frontière subsistait, mais je commençais à me dire que c'étaient peut-être les simples et banales élucubrations d'un jeune romancier en mal de succès. Quel auteur en effet ne croit pas écrire un best-seller chaque fois qu'il prend la plume et y croit jusqu'au terrible verdict du public, toujours le juge suprême ?

5

Un coup de pouce du destin

Il y a dans la vie des hasards heureux, des coups de pouce du destin, si tant est qu'on garde les yeux assez ouverts pour les voir! Quelques semaines après, je tombais, par un de ces hasards heureux – ils sont peut-être simplement la récompense d'une foi claire et persévérante –, sur un article dans le *Publishers Weekly*, un magazine spécialisé sur le monde de l'édition.

Cet article, rédigé par un célèbre agent littéraire français, expliquait qu'il était fort difficile, voire impossible de percer le marché américain, même pour l'auteur d'un grand succès de librairie en France, même pour le gagnant du Goncourt, pour la simple et bonne raison que les éditeurs américains ne lisaient pas… le français !

Ce « providentiel » agent littéraire parisien expliquait que la clé du succès américain – du moins pour un auteur d'expression française – était par conséquent de défrayer soi-même les coûts de traduction. Cet agent déplorait d'ailleurs que cette pratique fût si peu courante, voire inexistante, chez les éditeurs français : la traduction étant onéreuse, et les chances de succès aléatoires, peu s'y risquaient.

En lisant cet article, j'éprouvai les frissons que j'avais déjà ressentis en complétant mon manuscrit du *Millionnaire*. Il me semblait que je venais enfin de trouver la clé qui me manquait, qui m'ouvrirait enfin les portes du succès. Sans hésiter, je me mis à la recherche d'un traducteur qui s'avéra être une traductrice. Elle m'annonça son cachet.

Plus de trois mille dollars !

Trois mille dollars que je n'avais pas dans mon compte en banque.

Mais j'avais une carte de crédit !

Je l'utilisai au maximum pour lui régler son cachet.

C'était un peu fou, je sais, et je n'en parlai pas à mon comptable qui m'aurait tué, mais, bon, il faut ce qu'il faut!

Je ne me laisserais pas arrêter par ce petit investissement, même s'il était fort risqué et que je devrais payer chaque mois les intérêts exorbitants que facturait la compagnie de crédit.

L'important était que je POUVAIS payer pour la traduction au moment où je devais le faire, peu importe d'où venait l'argent.

Comme disent les Américains: « *When there is a will, there is a way.* » (Quand il y a une volonté, il y a un chemin.)

Bon, pourvu que ce ne soit pas mon chemin de Damas, pensai-je, mais juste brièvement, car on ne peut se laisser envahir par le doute ou la peur, même si ce qu'on fait est risqué.

Il faut être intrépide.

Il faut foncer.

Les obstacles ressemblent souvent à de gros chiens qui reculent devant un petit chien qui fonce témérairement vers eux en jappant bien fort.

C'est David contre Goliath.

L'esprit, le seul esprit, peut triompher de tout, même des plus grands obstacles.

Traduction en main, j'exultais. Mon rêve allait enfin se réaliser, après plus d'un an d'attente !

Ce n'était maintenant plus qu'une question de mois, de semaines !

Une rapide visite en librairie me permit de dresser la liste de tous les éditeurs américains qui m'intéressaient… et qui seraient assurément intéressés par mon œuvre ! Je fis ensuite une dizaine de photocopies, et tremblant d'émotion, mis les manuscrits à la poste. Il ne me restait plus qu'à m'asseoir, satisfait, et à savourer à l'avance cette gloire qui maintenant était à portée de la main.

J'avais jusque-là peiné inutilement, mais j'avais maintenant trouvé le point d'appui dont Archimède avait besoin pour soulever l'univers, et que j'avais découvert dans cette revue américaine. Je me demandais d'ailleurs comment il se faisait que je n'y eusse pas pensé avant, tant c'était simple. Dans quelques semaines, les offres américaines pleuvraient sur mon bureau.

6

À l'assaut du marché américain

Mais à la place des offres, ce fut plutôt le bal des refus.

Les grosses enveloppes brunes arrivaient l'une après l'autre, souvent sans même un mot d'explication, d'ailleurs bien inutile. On me retournait simplement mon « best-seller ».

Mon optimisme initial s'amenuisait comme une peau de chagrin.

Mes espoirs s'évanouissaient, comme d'ailleurs s'étaient évanouies mes économies : je devais faire les paiements sur ma carte de crédit pour la traduction que je trouvais maintenant de plus en plus coûteuse.

Certains soirs, je ne me trouvais pas seulement fou, mais je me trouvais stupide, idiot, imprévoyant d'avoir ainsi dépensé cet argent.

Je voyais mes amis dans leurs belles maisons, roulant carrosse et je me disais que j'aurais peut-être dû accepter la proposition de mon patron. Je n'en serais pas rendu là…

Je vous fais cette confession parce que je crois que dans la vie de tout homme d'affaires ou artiste ou rêveur, il y a ces moments de découragement, de doute, voire de dépression.

Seulement, il ne faut pas qu'ils durent trop longtemps.

Il ne faut pas se laisser abattre, il faut se relever, se remettre en marche, continuer à croire…

ENVERS ET CONTRE TOUS…

MALGRÉ LES ÉVÉNEMENTS EXTÉRIEURS …

MALGRÉ SES PROPRES DOUTES…

MALGRÉ TOUS LES DOUTES DES AUTRES…

…en son destin et en sa bonne étoile !

Quand arriva la dernière enveloppe, je n'eus même pas envie de l'ouvrir. J'eus envie de la jeter immédiatement à la poubelle.

Pourtant, la curiosité me poussa à l'ouvrir malgré tout, même si le verdict de l'éditeur était évident : sinon pourquoi me retourner mon œuvre « géniale » !

Je ne tardai pas à m'en féliciter. Car la lettre de refus contenait une information intéressante. (Le succès, je l'ai dit, est attribuable à la chance, à la persévérance mais aussi, tout simplement, à la connaissance d'un milieu et de ses lois.)

L'éditeur, ou plutôt sa secrétaire, expliquait succinctement qu'ils ne considéraient pas ce qu'ils appelaient du *unsolicited material,* du matériel non sollicité.

Le manuscrit devait leur être proposé par… un agent littéraire !

Information nouvelle et capitale ! Je me frottais pour la première fois aux différences de tradition éditoriale : la française et l'anglo-saxonne. Les éditeurs français, même les plus importants, examinent – sérieusement ou pas, je ne saurais dire –, mais examinent tous les manuscrits reçus même ceux envoyés par d'illustres inconnus.

À la vérité, ils ne prisent guère les agents, qu'ils perçoivent comme des ennemis, des requins qui n'ont pas leur place dans le monde de l'édition. C'est tout à fait l'opposé chez les

Anglo-Saxons (dont les Américains) qui, eux, si tant est qu'ils soient importants, préfèrent transiger avec les agents plutôt qu'avec les auteurs.

Ce refus qui était le dernier aurait pu me décourager. Au lieu de cela, il me redonnait un certain espoir. Je venais d'apprendre quelque chose que j'ignorais : il me fallait un agent.

7

L'agent fait le bonheur

Je parvins sans trop de peine à mettre la main sur la liste des principaux agents new-yorkais — New York est la ville de l'édition comme Los Angeles est celle du cinéma — leur écrivis une lettre de présentation que je leur envoyai avec le manuscrit du *Millionnaire*.

Nouvel échec.

Les agents qui me répondirent dans les mois suivants — certains ignorèrent ma missive — m'expliquèrent qu'ils ne représentaient que des auteurs... déjà publiés aux États-Unis!

Décidément...

Joli cas de *catch 22*... comme on dit chez les Amerloques!

Pour intéresser un éditeur, tu dois avoir un agent, mais pour avoir un agent, tu dois être déjà publié !

Comment s'en sortir, alors ?

La série noire se poursuivait et mon bel optimisme du début commençait à s'effriter sérieusement.

On a beau être positif, voir la vie en rose, et continuer de rêver malgré vents et marées, lorsque tout va mal et que les échecs s'accumulent, n'est-ce pas le temps de se dire que la Vie veut nous faire comprendre que nous ne sommes pas sur la bonne voie ?

Comment savoir si notre persévérance est vraiment louable ? N'y a-t-il pas un moment où il faut se dire que notre obstination n'est qu'un entêtement aussi stupide que stérile ?

Je crois qu'une seule personne peut répondre à cette question et c'est… celle qui se la pose !

Moi, mon intuition me disait que, malgré les apparences, je devais persévérer : mes échecs étaient seulement provisoires, ils étaient uniquement les étapes lentes, mais nécessaires qui me conduiraient à la victoire finale.

Pourtant, même si je n'avais pas renoncé, j'étais un peu découragé, et surtout, il me semblait que j'étais dans un cul-de-sac. J'aurais aimé pouvoir déployer mon énergie dans une nouvelle direction, mais je ne savais pas laquelle ? Quelques semaines s'écoulèrent sans que je fasse de nouveaux efforts : je réfléchissais.

Et puis je retrouvai peu à peu ma bonne humeur, mon optimisme.

J'ai cette conviction, un peu étrange, je n'en disconviens pas, qu'il ne faut pas se laisser affecter par les événements (les malheurs de nos proches entrent dans une autre catégorie bien sûr).

Oui, j'ai cette conviction que si on conserve une attitude intérieure ferme, sereine, si on reste inébranlable, malgré les contrariétés et les échecs, on arrive presque toujours à ses fins. Il faut se dire, se répéter constamment, et en tout cas penser sincèrement :

« Je ne sais pas encore comment je vais y arriver, mais je sais que je vais y arriver. »

« Je ne me laisserai pas décourager même si les apparences sont contre moi, même si tout le monde me dit que je devrais laisser tomber, que je perds mon temps, que je suis fou, que je ne suis qu'un rêveur. »

Oui, je crois sincèrement que si on PENSE et VIT ces choses, si on les VIT INTÉRIEU-

REMENT, eh bien, par quelque mécanisme dont je ne connais pas les rouages, mais dont j'ai expérimenté souvent les effets, ça PRO-VOQUE pour ainsi dire la Vie, ça fait bouger les choses.

Est-ce la loi de la manifestation qui agit ?

Ou la loi de l'attraction si magnifiquement remise à la mode du jour par le grand best-seller *Le Secret*, de Rhonda Byrne, dont j'ai cru bon de faire un commentaire dans mon opuscule *Le Plus Vieux Secret du monde* ?

Chose certaine, si vous agissez ainsi, si vous refusez à l'échec et au doute de devenir les locataires de votre âme, la Vie sourcille, la Vie s'interroge à votre sujet, et, contrariée par votre belle égalité d'esprit malgré toutes les épreuves qu'elle vous a envoyées, elle se dit : *« Rien ne le perturbe, rien n'altère sa bonne humeur et son optimisme, je ne peux empoisonner sa joie de vivre, c'est… I-N-T-O-L-É-R-A-B-L-E !*

« Comment diable fait-il, c'est une énigme, je ne parviens pas à le déstabiliser, à ralentir sa marche victorieuse par toutes les embûches que je mets sur son chemin, alors je vais essayer quelque chose de différent pour venir à bout de son égalité d'esprit, je vais lui envoyer du succès et là peut-être parviendrai-je à le déséquilibrer ou du moins à le troubler. Oui,

le voilà le truc : envoyons-lui une bonne dose de ce succès qu'il réclame, donnons-lui ce qu'il veut ! »

Je ne sais pas au juste si c'est ce qui est arrivé, la Vie est si mystérieuse, mais voilà comment les choses se sont passées.

Pendant que je travaillais en édition, j'avais fait la connaissance d'un agent montréalais avec qui j'étais resté en contact. Il ne pouvait pas me servir d'agent pour les États-Unis, car son travail consistait exclusivement à vendre au Québec les droits d'ouvrages américains. À quelque temps de là, il me rendit visite et me demanda un petit service : envoyer pour lui en Angleterre, car il était pressé et partait en vacances, un ouvrage qui, exceptionnellement, pourrait intéresser un éditeur britannique.

Je m'empressai d'accepter. Je suis toujours prêt à rendre service à un ami... surtout que...

Surtout que je venais d'avoir une idée !

Je glissai un peu cavalièrement mon manuscrit dans l'enveloppe que je devais envoyer en Angleterre !

Avec mon numéro de téléphone !

Je me frottais les mains !

Quel hasard merveilleux !

Je trouvais, ou en tout cas, je courais la chance de trouver enfin un agent.

Ce n'était pas de la manière dont j'avais prévu de le faire, mais j'ai eu depuis d'innombrables exemples de ce *modus operandi,* de cette manière de procéder de la Vie ou de la déesse de la Chance.

LES CHOSES ARRIVENT RAREMENT DE LA MANIÈRE PRÉVUE, MAIS... ELLES ARRIVENT, SI ON Y CROIT, SI ON PERSÉVÈRE !

D'ailleurs, si vous y pensez un peu, c'est peut-être mieux ainsi. Il y a plus d'imprévus : LA VIE EST UNE ROMANCIÈRE QUI PRÉPARE SES EFFETS ET AIME LES SURPRISES.

Pourquoi s'en plaindre ?

D'ailleurs a-t-on vraiment le choix, entre vous et moi ?

Oui, pourquoi ne pas simplement assister au magnifique spectacle de sa vie avec un étonnement ravi ?

Mais reprenons notre récit. C'était en juillet. Je partis alors en voyage, et je ne repensai plus à mes démarches pour ne pas gâcher mes vacances. Pour conserver son équilibre mental, il faut savoir fermer la porte à nos soucis, ne pas les emporter dans nos valises, en un mot vivre nos vacances en vacancier !

8

La chance
me sourit enfin

À mon retour de vacances, je trouvai un message surprenant sur mon répondeur. C'était l'agente londonienne qui me disait une chose très agréable.

Non seulement une d'ailleurs mais deux.

Mais commençons par la première.

Elle me disait, puisque c'était une femme nommée Cathy Miller, avoir beaucoup aimé le manuscrit que j'avais pris la liberté de lui envoyer et me posait ensuite une question inattendue:

«Est-ce que les droits sont encore disponibles?»

Est-ce que les droits étaient encore disponibles!

Il y avait des mois que je tentais en vain de les vendre !

Elle m'avait laissé son numéro de téléphone. Et le lendemain matin, un lundi, je m'empressai de lui téléphoner à ses bureaux londoniens. Dès que je l'eus en ligne, elle me parut sympathique. Il faut dire que c'était la seule agente qui avait daigné me parler ! Mon impression fut si bonne que je lui dis : « Jeudi prochain, à onze heures, je serai à vos bureaux ! »

Voyage audacieux et coûteux, mais il me semblait qu'après des années d'attente, la chance me souriait enfin. Je n'allais surtout pas la laisser passer ni lésiner avec les quelques milliers de dollars que mon séjour londonien me coûterait !

J'avais demandé à mon agente (ce possessif était un peu prématuré, non ?) de me réserver une chambre de prix modique. Aussi lorsque j'arrivai à Londres, la veille du rendez-vous, je pus descendre au Flemming (comme le père de James Bond, Ian Flemming : hasard prometteur, me sembla-t-il !), un petit hôtel du West End, sur Half-Moon Street, nom romantique à souhait pour un néophyte comme moi.

Lorsque je remplis la fiche d'admission que l'hôtelier me tendit avec son accent auquel je m'habituais petit à petit, je dus réprimer une grimace : cet hôtel d'un prix « modique » me coûterait 90 livres sterling, soit plus de deux cents dollars par nuit ! Mais il était trop tard pour reculer, j'étais à Londres, une des capitales les plus prestigieuses de l'Europe...

J'éprouvai un autre choc lorsque je vis ce que 200 dollars permettaient de s'offrir dans le West End londonien, qui soit dit en passant est le quartier chic des affaires et des jolies boutiques... La chambre en effet était d'une telle exiguïté qu'il fallait y circuler prudemment pour ne pas heurter, d'un côté, le lit, de l'autre, comme seul mobilier, la petite commode bancale qui soutenait tout de même un téléviseur que je m'empressai d'ouvrir : il est toujours amusant de découvrir les émissions étrangères.

La chambre du reste était propre – il ne devait falloir que dix minutes pour en faire le ménage complet ! Il y avait une toilette – ce n'est pas le cas de toutes les chambres comme c'est la norme en Amérique – et un bain fort ancien. Mais bon, je n'étais pas venu à Londres pour ma lune de miel, et de toute manière je ne moisirais pas longtemps dans ma chambre.

9
Une rencontre décisive

$\mathcal{L}$e lendemain, à onze heures très précises (je m'étais fait un devoir d'être ponctuel pour faire bonne impression) encore mal remis du décalage horaire, fraîchement rasé et exceptionnellement cravaté, je me présentai aux modestes bureaux de cette agente londonienne, une charmante blonde qui d'ailleurs, par un hasard étonnant, parlait aussi bien français qu'anglais puisque sa mère était Parisienne et qu'elle-même avait vécu cinq ans à Paris. Décidément, après m'avoir boudé pendant des années, la chance me souriait enfin, et de belle manière !

À midi, Cathy Miller m'emmena déjeuner dans un charmant petit restaurant du quartier Fulham, et, comme nous sympathisions, elle

me fit des confidences, m'expliqua que le problème avec la plupart des auteurs, c'est qu'ils
refusaient en général de payer ses dépenses
tant et aussi longtemps qu'elle n'avait pas réussi
à leur trouver un éditeur, ce qui la plaçait
souvent dans une situation financière précaire,
d'autant qu'elle avait l'honnêteté de m'avouer
que ses efforts n'étaient pas tous couronnés de
succès.

Je tirai alors mon carnet de la poche de
ma veste, et, sur le coin de la table, lui signai
un chèque de mille dollars que je lui tendis. Je
ne savais même pas si j'avais cet argent dans
mon compte, mais je le trouverais avant que le
chèque passe. À nouveau, comme pour la
traduction, je faisais preuve d'une audace un
peu folle que mon comptable aurait certes
désapprouvée. Mais je voulais faire un effet, un
« statement » comme disent les Américains.
Cathy arrondit les yeux, même si la somme
n'était pas vraiment… rondelette !

Je crois que, dans chaque rencontre
d'affaires, chaque interlocuteur exprime à un
moment ou un autre, et pas de manière toujours explicite, son « problème » principal, son
« besoin ».

Si vous êtes suffisamment à l'écoute de l'autre, vous percevez ce problème et vous pouvez jouer vos cartes à l'avenant.

Il me semblait que Cathy venait d'exprimer assez clairement son «problème». Je lui expliquai alors que ce chèque était une avance sur ses honoraires et que, chaque mois, pendant un an, je lui en ferais parvenir un du même montant. Elle se rebiffa immédiatement, embarrassée.

« Mais je ne vous disais pas ça pour ça ! »

Et elle tendit en ma direction le chèque que je refusai de reprendre.

«Non, non, dis-je, je tiens vraiment à ce que nous fonctionnions comme ça.

— Mais si je ne réussis pas à placer le manuscrit ?

— Je suis sûr que vous allez réussir ! »

Joli vote de confiance, non ?

Elle sourit, ravie de la confiance que je lui témoignais, et empocha le chèque. Il faut dire que la confiance qu'elle m'avait inspirée était très grande, qu'en vérité elle m'avait fait une excellente première impression, ce qui est capital. Elle m'avait semblé une femme intelligente et honnête, qui connaissait son métier : à preuve… elle s'intéressait à moi !

Je voulais surtout que, dans son attaché-case, mon manuscrit soit le plus important parce que j'aurais été l'auteur qui lui aurait accordé la plus grande confiance : appelons cela de la générosité calculée.

10

Pourquoi j'ai pris un nom de plume

C'est au cours de ce premier repas que le problème de mon nom surgit. Il semblait à Cathy que mon nom véritable, Marc-André Poissant, était fort peu exportable, car il était difficilement prononçable pour un Britannique.

J'eus une hésitation.

J'aimais mon nom, enfin pas de manière narcissique, mais je l'aimais.

Et mon père l'aimait encore plus, car il ne parlait jamais de la famille autrement que du clan Poissant. Ne verrait-il pas dans l'abandon de mon nom de naissance un douloureux reniement? Je ne donnai pas tout de suite à mon agente (maintenant, il me semblait que je pouvais l'appeler mon agente puisqu'elle avait accepté ma première avance !) une réponse, mais lui promis que j'y réfléchirais.

Le soir, dans la solitude de ma chambrette, que je retrouvai après avoir visité quelques pubs… anglais (ce qui m'avait convaincu que je ne deviendrais jamais amateur de bière brune !) je pensai à la conversation que j'avais eue avec Cathy.

Prendre un nom de plume…

Idée un peu saugrenue à laquelle je n'avais jamais pensé.

Je m'étais déjà demandé – et j'avais il me semble tout de suite trouvé la réponse ! – ce que penserait mon père d'une pareille décision.

Mais mes amis ?

Ne trouveraient-ils pas l'idée cocasse, pour ne pas dire carrément ridicule ? Je laissai se dérouler le fil de mes pensées. Je songeai alors que nombre de comédiens, de chanteurs, d'auteurs s'étaient fait connaître sous un nom d'emprunt, que la pratique était courante, d'ailleurs plus courante que ce que nous pouvions imaginer, car c'était justement sous leur nom d'emprunt et non sous leur nom véritable que ces artistes s'étaient fait connaître.

Du reste, des devanciers beaucoup plus célèbres que moi avaient fait, à leurs débuts, des compromis. Par exemple, mon idole, Jean-Paul Sartre, n'avait-il pas accepté que le titre de son premier roman passât de *Melancholia* à *La Nausée,* concession sans laquelle Gaston Gallimard n'aurait pas publié l'œuvre qui allait le lancer si brillamment ? Et sa compagne Simone de Beauvoir n'avait-elle pas accepté de réécrire *L'Invitée,* son premier roman, que le directeur littéraire avait jugé mal écrit et sans style ?

Je me rappelai alors que mon grand-père paternel, qui avait de la parenté à Burlington, se faisait appeler « Fisher » lorsqu'il y était en visite… Fisher, traduction fort libre de Poissant.

Le lendemain, au Brown's Hotel, (établissement londonien réputé pour les rencontres littéraires) en me laissant initier par Cathy à la délicatesse du *high tea,* un thé servi à dix-sept heures avec sandwiches et pâtisseries sur des plateaux à étages multiples ! Je dis :

« Que penseriez-vous de Marc Fisher ?

– Marc Fisher », dit-elle d'un air songeur, alors qu'un sourire plutôt favorable fleurissait ses lèvres. Oui, ce n'est pas mal. C'est court, facile à retenir. Et puis ça peut avoir l'air autant américain, écossais qu'allemand. Oui, j'achète », conclut-elle, cette fois-ci décidément enchantée.

Et c'est ainsi que, pour des raisons strictement pratiques – et pour faciliter la tâche à cette agente qu'il m'avait été si difficile de dénicher – j'adoptai ce nom de plume qui, comme je l'avais prévu, ne fit pas l'unanimité dans ma famille.

Et pourtant comme c'était mon choix, et que le motif qui me l'avait inspiré était purement professionnel, on fit – lorsque je dis «on», je pense surtout à mon père – contre mauvaise fortune bon cœur et me taquina davantage qu'on me houspilla au sujet de mon changement d'identité.

11

Une voyante
avait tout prédit

Ce compromis qui m'avait paru nécessaire à l'avancement de ma carrière, je m'en accommodais assez bien même si je déplorais secrètement le reniement familial, même circonstanciel, qu'il comportait. C'est que l'anonymat relatif que conférait un nom de plume ne me déplaisait pas. On dit volontiers qu'un romancier se cache derrière ses personnages : moi je pourrais dès lors me cacher doublement puisque que je me cacherais aussi derrière mon nom de plume.

Du reste, ma vanité personnelle n'en souffrait aucunement, car si je voulais être connu, ce n'était pas tant par désir de gloriole que pour pouvoir être lu davantage, et par conséquent être libre d'écrire parce qu'alors mes redevances de droits d'auteur seraient en conformité.

En rentrant à mon hôtel après avoir flâné à Piccadilly Circus, qui était à deux pas, puis avoir passé devant le Ritz, auquel je pourrais assurément descendre dès que mon ouvrage connaîtrait le succès qui lui était promis (il fallait vraiment qu'il fût un succès, car j'avais osé au passage m'informer du tarif des chambres et la plus modeste commençait à 600 dollars la nuit!), je m'avisai que ce n'était peut-être pas par hasard que j'avais consenti à prendre ce nom de plume plutôt qu'un autre.

Il m'était peut-être prédestiné.

En effet, en refermant derrière moi la porte de ma chambre si minuscule, je me rappelai une prédiction étrange – que j'avais à l'époque trouvée ridicule et que j'avais depuis longtemps oubliée – d'une voyante consultée pour complaire à une amie qui croyait dur comme fer aux sciences divinatoires.

Madame Spedding – c'est son nom – une sexagénaire au regard perçant et à la tête toute blanche, m'avait annoncé, presque dès le début de la séance, et sans connaître mon métier ni même mes aspirations, que je parlerais un jour plusieurs langues. Je l'arrêtai tout de suite : je

parlais convenablement l'anglais mais polyglotte, je ne le serais jamais.

Malgré ma protestation, la voyante suren-
chérit :

« C'est ce que mon guide me dit. Il me dit
aussi que vous serez connu dans le monde sous
le nom de Star Fish… »

Je l'arrêtai à nouveau : jamais je ne m'affu-
blerais d'un nom aussi ridicule !

Pourtant cinq ou six années après cette
consultation − et cette prédiction farfelue −
force m'était d'avouer que « Star » sonnait un
peu comme Marc, et que « Fish » ressemblait
assurément à Fisher !

Et puis, pour les langues, si je ne devenais
jamais polyglotte, je serais par ailleurs traduit
en plusieurs langues, et donc, même si la
prédiction de la voyante n'était pas rigoureu-
sement exacte, elle était essentiellement juste…

12

Je ne suis pas au bout de mes peines

Je m'allongeai sur mon lit et pensai à ma rencontre avec l'agente londonienne : il me semblait que je venais de franchir un grand pas, que je touchais enfin au but.

Après combien d'années ?

Je fis un calcul rapide, et m'étonnai de constater que près de deux années déjà s'étaient écoulées depuis que, dans un moment d'exaltation, j'avais complété le manuscrit du *Millionnaire*...

Oui, deux années...

Pensez à ce chiffre, dans vos projets...

Dans vos projets qui n'ont pas abouti au bout de six mois, d'un an...

De deux ans…

Pensez-y si vous êtes sur le point de tout lâcher !

Moi, en tout cas, je pensai alors que la patience était sans doute la vertu la plus nécessaire au métier de romancier – comme peut-être à tout succès…

Et d'ailleurs, je n'avais pas encore atteint le but : et comme il arrive souvent dans l'enthousiasme de la jeunesse, je me réjouissais prématurément.

Car les six premiers mois qui suivirent notre rencontre, les efforts de mon agente ne furent pas couronnés de succès.

Tous les éditeurs lui répétaient que je n'étais pas connu, que le livre ne valait rien, etc. Cathy me suggéra de renoncer, car j'avais déjà engagé des frais importants, lui envoyant religieusement, chaque mois, l'avance promise. Je la rabrouai, la priai de poursuivre : je lui avais promis de lui faire cette avance de mille dollars pendant un an, je ne reviendrais pas sur ma décision ni sur ma promesse.

Trois nouveaux mois s'écoulèrent, qui ne nous apportèrent que de nouveaux refus.

La liste des contacts de Cathy s'épuisait, et, elle me l'avoua plus tard, le découragement avait commencé à la gagner, sans compter une certaine culpabilité pour avoir accepté mes généreuses avances.

Ma résolution aussi fléchissait petit à petit, et je commençais à être nerveux.

En plus, je devais faire des pieds et des mains, m'endetter, surcharger mes cartes de crédit pour pouvoir continuer à envoyer à mon agente les mille dollars mensuels.

Ne devais-je pas renoncer?

N'était-il pas temps de faire preuve de réalisme?

Mettre une croix sur ce rêve, sur cette aventure insensée et reprendre ma vie ordinaire en tentant d'écrire un nouveau livre?

Je ne serais pas le premier à devoir renoncer à ses rêves, après tout...

13

Le mystère
des familles d'esprit

Mais une certitude intérieure me poussait à ne pas laisser tomber, pas encore en tout cas...

C'est que j'avais – et j'ai encore aujourd'hui – cette conviction, un peu bizarre, j'en conviens, qu'il existe de par le monde, inconnues et forcément invisibles, ce que j'appelle des familles d'esprit.

Oui, des FAMILLES D'ESPRIT.

C'est-à-dire un groupe d'êtres que, avec le temps, je finirai forcément par rencontrer et fréquenter, parce que j'ai avec eux ce que Goethe appelait (et c'est d'ailleurs le très beau titre d'un de ses romans) des... affinités électives !

Oui, des gens qu'on «élit», qu'on choisit, qui nous choisissent, aussi bien sûr, des êtres vers lesquels la Vie nous entraîne par des hasards qui n'en sont pas, et qui parfois sont plus proches de nous, intellectuellement, moralement, spirituellement que les membres de notre propre famille.

Et je me disais, je me répétais, avec calme, comme un mantra : « *Un jour, ton agente mettra ton manuscrit dans les mains d'une de ces personnes, qui fait partie de ta famille d'esprit, et qui pensera de ton livre la même chose que toi, que c'est bon, que c'est très bon même et que ça peut devenir un best-seller !* »

Cette pensée – pour mieux dire cette conviction – me soutint dans l'adversité.

14

Ma patience est enfin récompensée

Onze mois après avoir fait sa rencontre, juste un peu avant la limite que je m'étais fixée (je tirais vraiment de la langue, financièrement!), Cathy trouva un éditeur intéressé au *Millionnaire*, un éditeur qui d'ailleurs était considérable, Sidgwick and Jackson, un peu l'équivalent de Gallimard en France! De surcroît, il proposait un à-valoir (somme d'argent offerte à la signature du contrat) fort sympathique, et d'ailleurs inespéré de… 20 000 livres sterling! (Près de cinquante mille dollars).

Ce n'était pas rien surtout dans ma situation! Et ça me permettrait de récupérer largement l'argent que j'avais «follement» et en tout cas audacieusement investi avec Cathy et qui lui avait entre autres prouvé à quel point je croyais en elle et en mon livre !

« Seulement, m'expliqua mon agente au téléphone, l'éditeur aimerait vous parler avant de prendre sa décision définitive.

– Pas de problème, il n'a qu'à m'appeler », dis-je avec confiance et en dissimulant tout de même une petite inquiétude.

Pourquoi voulait-il me parler ?

Que voulait-il savoir ou mériter ?

Je ne tardai pas à le savoir, car le lendemain matin l'éditeur, nommé Bob, m'appelait.

D'entrée de jeu, il me complimenta au sujet de mon livre, me dit qu'il était formidable, que c'était un véritable classique.

Je pensai tout de suite à ma théorie des familles d'esprit.

J'en vivais un autre exemple magnifique !

« Seulement, ajouta l'éditeur, quand nous vous ferons venir à Londres pour la promotion du livre, si les journalistes vous demandent : "Êtes-vous vraiment millionnaire ?", qu'allez-vous répondre ? »

Je me dis qu'il me fallait penser vite, très vite, car la conclusion du contrat dépendait de ma réponse.

Je jetai un regard circulaire dans mon modeste appartement, qui n'avait rien d'un appartement de millionnaire, beaucoup s'en fallait.

Mais si je disais la vérité, le contrat pharamineux et les 50 000 $ s'envolaient en fumée.

Par contre, mentir n'est pas beau et contraire à mes principes.

Toutes ces pensées défilaient dans mon esprit à une vitesse vertigineuse, inutile de le dire.

Je devais répondre, et répondre vite, car bien entendu toute hésitation serait perçue par ce charmant éditeur comme l'aveu du contraire : que je n'étais PAS millionnaire !

Alors que faire ?

Je pensai à un expédient. Je me projetai commodément hors du temps, ou si vous voulez dans l'avenir où je serais forcément millionnaire, d'ailleurs aussi rapidement que serait publié mon livre du même nom qui connaîtrait un succès retentissant.

Dire que j'étais millionnaire devenait donc une demi-vérité, un demi-mensonge dont ma conscience s'accommodait mieux.

C'était aussi du simple bon sens en affaires ou de l'opportunisme, appelez-le comme vous voudrez. Il faut parfois «couper les coins ronds», prendre certaines libertés avec la vérité, ou disons l'interpréter à sa manière.

Je répondis alors :

« *Of course* (bien sûr)… »

Mais j'ajoutai prudemment et avec ce que je croyais être de l'esprit :

« *But not in pounds yet !* (Mais pas en livres sterling encore !) »

Un pound ou une livre sterling valait à l'époque un peu plus de deux dollars canadiens. Donc ce que j'affirmais était que j'étais millionnaire, mais juste en dollars canadiens, je ne valais même pas deux millions.

Bob éclata de rire et dit :

« *Very good !* »

J'avais menti, si on veut, ou en tout cas pris une grande liberté avec la vérité (car le temps en général sépare la vérité du mensonge : ainsi si on dit il fait beau même quand il pleut on finira par avoir raison !) mais je ne le regrettai pas.

L'éditeur ne le regretta pas, non plus que tous les lecteurs à travers le monde qui n'auraient pas eu accès à ce petit conte philosophique sans le demi-mensonge opportuniste de son auteur aux abois.

Le contrat fut signé rapidement et je reçus mon à-valoir.

Quand je vis le chèque de 50 000 $, quel bonheur !

Je recevais le plein montant, car j'avais déjà versé à l'agente plus que ses 10 % de commission lui valaient.

C'était le plus gros chèque que je n'avais jamais reçu.

Je sais bien qu'on ne devient pas romancier pour l'argent – quoique avec un titre semblable au *Millionnaire*, on pourrait douter de la pureté de mes intentions ! N'empêche, je mentirais si je ne disais pas que je bondis de joie à la vue de ce chèque.

Car cet argent ne voulait pas dire que je m'achèterais une nouvelle voiture, que j'emménagerais dans un plus bel appartement ni même que je renouvellerais ma garde-robe qui en avait grand besoin.

Ce qui me rappelle du reste une anecdote.

Longtemps j'ai pris mon petit déjeuner au restaurant.

Rituel qui me permettait de « rentrer » au bureau.

Comme je travaillais à la maison, nul besoin de me vêtir élégamment. En fait, je portais la plupart du temps de vieux vêtements élimés, souvent les mêmes.

Un matin, je devais accorder une entrevue télévisée pour un livre : je revêts donc mon plus beau – en fait mon seul ! costume – je porte une cravate. La serveuse qui ne savait rien de mon obscur statut de romancier me voit et, épatée par ma transformation vestimentaire, me demande :

«Vous avez trouvé un emploi ?

– Oui », fis-je, me disant que ce serait trop long de tout lui expliquer.

Le lendemain matin, elle me revoit dans mon uniforme coutumier de romancier, et me demande, sincèrement désolée :

«Ça n'a pas marché ?

– Non », répondis-je pour les mêmes raisons que la veille.

Raccourci utile car par commisération elle ne me fit pas payer mon petit déjeuner !

Donc, je venais de recevoir ce chèque pharamineux.

Cet argent voulait surtout dire une chose pour moi : il achèterait de la liberté, de la liberté pour écrire !

Mais ce demi-mensonge, qui m'achetait d'un seul coup une si grande, une si inespérée portion de liberté, allait me plonger dans une situation embarrassante que je n'avais pas prévue...

15

Je dois jouer
au millionnaire

Six mois plus tard, en effet, lorsque je débarquai à l'aéroport de Londres, un chauffeur en uniforme m'attendait avec un panonceau portant mon nom.

Je fis une trentaine d'entrevues en quatre jours.

Mon ami éditeur suisse, lui-même fortuné, m'avait prodigué quelques conseils pour passer pour un véritable millionnaire, entre autres de payer tout comptant et d'avoir toujours sur moi de grosses coupures.

Conseils utiles, dois-je dire, car la plupart du temps on ne pouvait me faire de la monnaie et ceux qui m'accompagnaient devaient régler l'addition!

On me posait toutes sortes de questions auxquelles je n'étais guère préparé, malgré les aimables conseils de cet éditeur helvète, et je devais improviser.

«Combien avez-vous de pièces dans votre maison ?»

«Avez-vous plusieurs maisons ?»

«Est-ce que les femmes se jettent sur les millionnaires en Amérique ?»

«Combien avez-vous de voitures ?»

On me réclamait aussi toutes sortes de conseils financiers. Je restais vague à souhait dans mes réponses, parfois me contentais de silences profonds, ou de hochements de la tête, qui enchantaient mes interlocuteurs. Ou je répondais à une question par une autre, ou par une boutade.

Je parvenais toujours à m'en tirer. Sally Strange, l'attachée de presse qu'on m'avait assignée, et qui m'accompagnait partout, était ravie.

On s'étonnait aussi de ma grande modestie chez un millionnaire de ma trempe, car en effet je ne portais ni de Rolex ni de bagues. Du reste, je n'en porte pas davantage aujourd'hui, imitant mon père qui n'en a jamais porté lui non plus. Mimétisme qui m'étonne. Et dire qu'on se croit différent de ses parents !

La chance me souriait aussi pour passer pour millionnaire.

À mon voyage précédent, j'avais repéré une boutique Mont-Blanc et avais remarqué que, malgré le taux de change et la cherté de la livre sterling, les belles plumes du même nom étaient beaucoup moins dispendieuses qu'à Montréal si tant est qu'on n'ait pas le billet d'avion à défrayer, bien entendu !

J'étais amateur de ce magnifique objet, comme plusieurs de mes amis qui m'en avaient passé la commande avant mon départ.

Entre deux entrevues, nous arrivons devant ladite boutique. Je demande au chauffeur de s'arrêter et explique à l'attachée de presse que je dois faire quelques achats et que je ne prendrai que quelques minutes.

Elle me demande si elle peut m'accompagner. J'y consens, bien entendu.

Elle me suit jusqu'au comptoir, où je repère immédiatement les jolies plumes Mont-Blanc qui se vendaient à l'époque 140 $ pièce.

La vendeuse s'approche, me demande si elle peut m'aider.

« Je voudrais six plumes. »

L'attachée de presse me regarde, éblouie de me voir acheter six Mont-Blanc comme s'il s'agissait de six vulgaires stylos Bic et elle s'exclame :

«J'A-D-O-R-E la manière dont vous dépensez votre argent!»

Qu'à cela ne tienne! Je m'empresse de lui demander, jouant le jeu jusqu'au bout :

«Aimeriez-vous en avoir une?»

Elle est encore plus épatée! Elle n'ose évidemment pas refuser ce cadeau inattendu qui d'ailleurs ne me coûte rien : je demandais en effet à chacun de mes amis une somme pour des frais (minimes) de port et manutention!

Si j'avais eu le choix, aurais-je joué cette comédie un peu abracadabrante?

Probablement pas.

Mais comme on dit : «On ne fait pas d'omelettes sans casser des œufs!»

Et puis la Vie est un jeu : jouer au millionnaire est un jeu comme un autre, et bien souvent, c'est ce qui finit par arriver. Comme dans mon cas.

Car le subconscient ne fait pas la différence entre ce qui est vrai ou ce qui est faux : pour lui, toute suggestion longuement, savamment répétée... DEVIENT la réalité malgré son peu de fondement dans... la réalité !

Ma mère me dit que, enfant, un de mes jeux préférés était de prendre les lettres que mon père recevait quotidiennement et de me promener avec dans la maison, avec un grand sérieux, pour faire elle ne savait quoi.

J'étais déjà un homme de lettres !

Alors choisissez soigneusement vos jeux !

Ils sont bien souvent le miroir de votre avenir !

On finit bien souvent par devenir ce qu'on rêve de devenir, ce qu'on fait semblant d'être !

16

Ma persévérance
est récompensée

Malgré le succès de l'édition britannique, il me fallut attendre dix-huit mois avant d'être publié aux États-Unis, mon rêve initial, car l'édition américaine est bien souvent la clé du succès à travers le monde.

Lorsque je tins enfin dans mes mains le premier exemplaire de l'édition américaine, qui était très réussie, je me fis la réflexion qu'entre le jour où j'avais achevé la composition du *Millionnaire*, et ce jour glorieux, il s'était écoulé près de cinq ans, et il y avait environ vingt ans que j'avais commencé à écrire, puisque je m'étais mis à écrire à seize ans.

Je pensai : *LE VÉRITABLE TEST DE NOTRE FOI, C'EST LE TEMPS. Ce sont les échecs qu'on surmonte, c'est notre patience.*

Je fais ces remarques, entre autres, en pensant à de plus jeunes collègues (ou de jeunes gens dans n'importe quel domaine) qui ont peut-être essuyé – ou essuieront, c'est quasi inévitable – des refus décourageants. Et qui seront ou ont été parfois tentés de renoncer après un an ou deux d'efforts infructueux. Et qui auraient peut-être réussi s'ils avaient fait un petit effort de plus, s'ils avaient résisté à une vexation de plus du mauvais sort, s'ils avaient eu le courage – et la sagesse, consciente ou pas ! – de durer.

Car c'est le secret, il me semble, du succès, en tout cas un de ses ingrédients essentiels, et la recette ne vaut pas uniquement pour le métier – si incertain – de romancier.

Durer.

Chaque jour.

Chaque semaine.

Chaque année.

Malgré les contrariétés, la lenteur des choses, les retards.

Durer.

Et chaque jour, malgré la fatigue, malgré les chagrins, malgré les déceptions, faire un pas de plus vers le but.

Lorsqu'on tombe, se relever, une fois, dix fois, mille fois, comme un enfant, avec le sourire, toute honte bue, car l'échec est instructif, il est ouvrier d'humilité.

Durer et, dans le détachement, laisser la Vie, artiste silencieuse mais suprêmement efficace, forger notre caractère, et le rendre tel que le succès est inévitable : « Caractère égale destinée ».

Oui, durer…

Surtout dans les débuts. Combien de carrières florissantes n'auraient jamais vu le jour si on n'avait pas surmonté les premières difficultés, si on avait cédé à un découragement précoce…

Durer et se rappeler que lorsqu'on voit un succès, on ne voit que la pointe de l'iceberg, on ne voit pas tout le travail souterrain qui l'a précédé, si bien qu'on croit ses propres échecs uniques, et s'en laisse abattre trop aisément.

En contemplant, encore incrédule – comme si c'était trop beau pour être vrai ! – la précieuse édition américaine du *Millionnaire*, je pensai aussi que la Vie était ironique : si j'avais écouté ce premier éditeur montréalais qui avait été si «honnête» avec moi, jamais mon livre n'aurait vu le jour, jamais je n'aurais pu vivre cet instant magique. Et jamais je n'aurais été traduit en une vingtaine de langues, ce qui est actuellement le cas, car une fois l'édition américaine sur le marché, les éditeurs étrangers emboîtèrent le pas.

17

Les voies mystérieuses
de la Vie

J'esquissai un sourire de reconnaissance, comme si, en fait, je devais littéralement mon succès au refus de cet éditeur avec qui d'ailleurs j'étais resté en fort bons termes. Une pensée grave me traversa alors l'esprit : si cet éditeur montréalais avait accepté mon manuscrit, *Le Millionnaire* n'aurait probablement pas connu le sort qu'il a connu.

Pourquoi ?

J'étais à peu près inconnu à l'époque, et j'aurais sûrement été forcé de céder à cet éditeur tous mes droits, je veux dire mes droits de traduction pour lesquels il m'aurait remis – c'est la norme dans le milieu – la moitié de ce qu'il aurait éventuellement touché, si tant est qu'il eût fait des efforts pour intéresser des éditeurs étrangers, ce à quoi nos éditeurs s'épuisent rarement.

Mais avec de semblables conditions, alors que je n'aurais touché que la moitié des droits étrangers, aurais-je eu envie d'investir seul dans la traduction du *Millionnaire*? Aurais-je fait tous ces efforts, aurais-je subventionné pendant près d'un an mon agente britannique?

Pour être honnête avec moi (pour reprendre l'expression de l'éditeur montréalais) la réponse est probablement que non. D'autant que lorsqu'on cède les droits de traduction, l'éditeur, sauf accord spécial, reste seul habilité à négocier des ententes avec des collègues étrangers et, par conséquent, je n'aurais pas eu un mandat très clair avec l'agente londonienne.

En somme, et sans aucune ironie de ma part, lorsque j'avais présenté ce manuscrit à cet éditeur, j'avais commis une erreur, et je l'avais échappé belle. S'il avait accepté mon manuscrit comme je le souhaitais ardemment à l'époque, mon destin aurait été tout autre, et ma carrière aurait pris un tournant que je préfère ne pas imaginer.

Cet éditeur «expérimenté» qui, proclamant son honnêteté, ne voyait vraiment pas qui pourrait lire *Le Millionnaire*, a tout compte fait lancé ma carrière.

Mon livre et plusieurs autres de mes livres sont lus à travers le monde, dans des pays d'ailleurs aussi exotiques que le Japon, la Pologne, la Chine, la Russie, l'Allemagne, la Corée, le Brésil, la Grèce, l'Italie, la Suède, la Norvège, etc.

Je ne fais pas tant étalage de ces tirages cosmopolites par vantardise (même si une part inconsciente y entre sans doute) que pour que ceux qui me liront et qui ont tout comme moi des rêves, ne se laissent pas décourager à la première occasion par les conseils et les refus de personnes en place, qui sont expérimentées sans doute, mais dont l'expérience n'est parfois que la répétition des mêmes erreurs, mais dont l'expérience s'arrête là où le véritable succès aurait pu commencer si tant est qu'on ne les ait pas écoutées.

La Vie est un bal masqué : ce qui nous semblait un échec – un échec cuisant, un échec injuste, un échec inacceptable –, est souvent un triomphe ironiquement travesti que le temps révélera.

Tout bien considéré, le refus de cet éditeur était la meilleure chose qui pouvait m'arriver, je le dis sans plaisanterie aucune, mais avec une sorte de respect devant les voies mystérieuses de la Vie.

Notre seul pouvoir − et c'est sans doute notre pouvoir le plus grand! − est de rêver clairement, est de rêver avec persévérance à ce que nous voulons et de ne jamais nous laisser abattre par les échecs, par les contretemps, par les avis contraires, même de ceux qui se prétendent nos amis.

C'est la Vie − et la Vie seule − qui décide de la manière dont je mettrai la main sur ces belles pommes d'or dont j'ai rêvé avec diligence, dont j'ai rêvé avec confiance.

C'est la Vie − et la Vie seule − qui décidera de l'heure, du lieu et de la manière dont elle me présentera le plateau d'argent sur lequel est posée, magnifique, et d'autant plus émouvante qu'elle est imprévisible, la récompense de ma vaillance.

Il ne me reste donc plus qu'à être un rêveur lucide, un rêveur audacieux, un rêveur confiant. Fort de cette certitude, je peux travailler dans une sorte d'insouciance céleste, de bonheur assuré : «Aide-toi, le Ciel t'aidera!»

Il vous faut croire en vous, constamment, malgré les échecs, les contretemps, les difficultés.

Oui, croire en vous, même si on vous trouve fou, car souvent vous serez le seul à le faire, vous serez votre seul refuge.

Mais Bouddha n'a-t-il pas dit : « Il est fou de chercher refuge en quelqu'un d'autre que vous » ?

Peut-être au fond parce qu'il n'y a pas d'autre refuge pour vous... que vous !

Et peut-être au fond que tous vos merveilleux et valeureux efforts pour atteindre le succès vous conduiront-ils à cette conclusion, à cette vérité qui échappe à tant de gens, d'où le malheur si fréquent en ce monde. Alors plus jamais, on ne pourra dire de vous que vous êtes fou, car vous serez devenu sage !

Note de l'auteur : Certains passages de ce livre ont déjà été publiés dans la deuxième partie du livre *Le Bonheur et autres mystères*, intitulée *La Naissance du Millionnaire*.

Le bonheur d'être moi

Au moment d'entreprendre ses mémoires, Voltaire, pudique ou coquet, parle du «ridicule de parler de moi à moi-même». Et pourtant, le grand homme cède à la tentation – ou à la nécessité – de nous raconter sa vie, avec une brièveté admirable, il est vrai.

Je m'inspirerai de la concision du célèbre auteur de *Candide* pour faire cet autoportrait. D'abord, je me livrerai à l'exercice – amusant – enfin pour moi, d'une entrevue imaginaire.

Je répondrai avec une sincérité absolue aux questions qu'on me pose le plus souvent au sujet du métier de romancier que Simenon appelait «la vocation du malheur» et qui, moi, me fait oublier ceux que j'ai pu avoir, et me rend heureux ; ce qui n'est pas une vertu négligeable, vous en conviendrez.

Ensuite, je me livrerai à un exercice que je crois amusant et utile, et qui l'a été dans mon cas. Il consiste à faire une autoévaluation de plusieurs aspects de ma vie intellectuelle et morale. Je l'ai intitulé : *Comment je me note.* Mais commençons par le commencement.

1

L'entrevue imaginaire

Pourquoi êtes-vous devenu romancier?

Pourquoi devient-on médecin, plombier, professeur, ai-je envie de vous demander?

Car n'est-ce pas aussi mystérieux, comme choix, puisqu'il y a tant de choses qu'on peut faire dans la vie, et que précisément on ne fait pas?

Je sais, le métier de romancier est moins courant et par conséquent plus intrigant.

Bon, alors pourquoi ce métier au lieu de celui d'avocat ou de comptable agréé que mon père – que tout père – aurait préféré pour son fils?

Je dirais que j'ai procédé par élimination.

Je ne me voyais dans aucune profession libérale : médecin, dentiste, ingénieur, ça ne me disait rien, même si ce sont des métiers formidables, j'en suis sûr.

Les sciences, ce n'était pas ma tasse de thé.

Et mon père m'avait baptisé plaisamment « Manuelo », précisément parce que j'étais nul de mes mains, si ce n'est pour taper au clavier et encore à deux doigts seulement, car c'est ainsi que j'écris tous mes livres. Je ne m'en vante pas, je m'en confesse.

Je suis si impatient d'écrire que je n'ai jamais eu la patience d'apprendre une méthode pour taper.

Donc, je procédais par élimination, et je réfléchissais…

Je me disais que si mon père m'avait payé pour lire, peut-être qu'un jour des gens me paieraient pour… écrire !

Un peu idéaliste, je n'en disconviens pas, mais j'avais seize ans, et si on n'est pas idéaliste à cet âge, quand le sera-t-on ?

Poursuivant ma réflexion sur mon avenir (comme il est absurde de devoir faire cet exercice à seize ans, comme si on savait ce qu'on veut faire dans la vie à cet âge !), je me disais que j'aimais par-dessus tout la liberté et que j'accepterais probablement mal les contraintes d'un grand bureau.

À la vérité, je m'accommodais bien de la solitude, compagne obligée du romancier, je l'aimais, même.

Je ne me sentais jamais seul quand j'étais seul. Pire encore, la plupart du temps, je ne m'en apercevais même pas, l'esprit trop occupé par les livres que je dévorais, par mes pensées.

J'avais de l'imagination à revendre (à vendre, devrais-je dire, si je voulais devenir marchand de prose!), et j'éprouvais beaucoup de plaisir à écrire, une sorte de soulagement aussi, même si mes premiers essais étaient fort maladroits.

J'admirais les grands romanciers, je voulais les imiter.

Je n'y suis pas parvenu mais j'ai continué à écrire.

D'où vous viennent vos idées ?

Souvent, je me réveille le matin, avec dans la tête le début d'une histoire ou des scènes, des bribes de dialogues. J'appelle ce phénomène l'*offrande matinale*. Mon inconscient est pour ainsi dire discipliné : le moule est là et tout ce qui y entre en ressort en roman. Déformation professionnelle, sans doute, ce qui n'est pas étonnant, après 40 ans de patients efforts.

Parfois, mais moins souvent, je me réveille la nuit, et mon cerveau bouillonne. Si cette insomnie littéraire se prolonge, je prends des notes, sinon je me rendors ou tente de me rendormir, me fiant à une mémoire assez fidèle.

Parfois, l'idée d'un roman me vient en écoutant un film ennuyeux ou en lisant un livre qui me tombe des mains. Ce n'est pas du plagiat : c'est mon imagination qui s'emballe, faute de ne pas l'avoir été assez !

Parfois, une idée se présente à moi alors que je jardine, que je marche, que je conduis ma voiture, ou que je suis sous la douche.

Parfois aussi, un ami vit ou me raconte quelque chose qui me touche, me bouleverse même.

Au lieu de le consoler, j'écris un roman qu'il ne lira peut-être pas, mais qui est la longue lettre que je lui envoie !

Comme vous voyez, les romanciers peuvent être des gens assez compliqués.

Pour tout vous dire, ça ressemble parfois à un esclavage, car l'histoire et les personnages me poursuivent sans relâche pour que je leur donne vie, moi qui parfois préférerais jouer au golf ou m'occuper de mes roses.

Disons que je me vois comme un serviteur, rôle dont je m'accommode assez bien, car mon ego est minuscule même si plusieurs croient qu'il est immense. Ils voient peut-être le vide incommensurable que son départ a engendré, un certain jour glorieux de ma jeunesse. Cela dit, ne vous apitoyez pas sur mon sort : assez paradoxalement, je me sens libre intérieurement dans ce rôle servile.

J'ai le plan d'une bonne vingtaine d'histoires que je n'écrirai peut-être jamais, faute de temps. Parfois je m'en désole, mais c'est un problème moins grave que de manquer d'idées. De là à savoir si ce sont de bonnes idées, c'est le public qui en décide toujours.

Est-ce facile pour vous d'écrire ?

L'état d'exaltation que je viens de décrire peut donner l'impression que c'est un métier facile pour moi. Ce n'est pas vraiment le cas. Même si j'écris assez vite, je suis un «écrivain à ratures», comme on dit dans le jargon du métier. C'est pour cette raison que je suis toujours embêté lorsqu'on me demande combien j'écris de pages par jour.

Les bons jours, je peux en faire facilement une vingtaine, parfois trente, même si en général je suis parfaitement content d'en faire une dizaine. Si ma plume se traîne trop ou plutôt mes doigts sur le clavier, je préfère arrêter. Les choses ne se passent pas assez vite dans mon cerveau ce jour-là, et le résultat sera forcément piètre. Mieux vaut préserver ma bonne humeur coutumière en faisant autre chose !

Mais combien restera-t-il de pages en fin de compte, après les innombrables corrections ?

La moyenne se situe sans doute autour de cinq pages, avant de… les soumettre à mes premiers lecteurs, puis à l'éditeur et au correcteur qui suggéreront encore des corrections ! Comme vous voyez, pas facile de répondre à cette question !

À la vérité, c'est interminable et parfois un peu lassant, malgré le sentiment réconfortant que, en principe, le livre s'améliore à chaque nouvelle relecture.

Aucun métier n'est parfait !

Quelqu'un a écrit : « Écrire, c'est réécrire. » Eh bien, il savait de quoi il parlait ! Chose certaine, pour moi, c'est monnaie courante de réécrire vingt fois la première page, dix fois le premier chapitre.

Je sais qu'il y a des exceptions célèbres : Stendhal écrivit *La Chartreuse de Parme* en cinquante-trois jours, Goethe *Les Souffrances du jeune Werther* en six semaines.

Mais l'expérience la plus fréquente est celle d'une patiente réécriture.

Même Simenon qui, dans sa période la plus féconde, pondait une dizaine de romans par année, explique qu'il passait plus de temps à les corriger qu'à les écrire : remarquez, il les expédiait souvent en sept jours et parfois moins !

Dans la plupart des cas, on considère tout de même que j'écris beaucoup et vite.

Mais je passe probablement autant de temps sur chaque page que des écrivains plus lents ou dits plus sérieux, et qui bien souvent exercent un autre métier alors que je ne fais que ça ou à peu près.

Pourquoi écrivez-vous à toute vitesse ?

Il y a deux autres raisons pour lesquelles j'écris en général assez vite, le plus vite possible en fait.

La première est d'ordre purement pratique : je ne peux, comme Flaubert, consacrer cinq ans à un roman. Lui visait – et atteignit !

– le chef-d'œuvre. Moi, plus modeste et sans doute plus réaliste dans mes ambitions, je vise simplement le bon roman.

Pourquoi ?

Parce que le public seul décide de la fortune d'un ouvrage. Pas les critiques, pas l'éditeur, malgré de grands renforts de publicité. Le public. L'histoire a beau être originale, les personnages attachants, l'auteur profond et imaginatif, si le public boude ou vomit l'ouvrage, c'en est fait de sa gloire, surtout en notre époque de consommation effrénée.

Donc, si j'écris un roman en quelques mois, mieux encore en quelques semaines, je mise sur la loi de la moyenne.

Je n'ai pas les moyens de passer plusieurs années à m'échiner sur un roman qui ne marchera pas. Et puis la déconvenue est moins grande en cas d'insuccès. Je tourne plus facilement la page, ou pour mieux dire le livre… raté !

Mercantile, me direz-vous ?

C'est que vous ne vivez pas de votre plume ou que vous êtes riche héritier ou mariée à un milliardaire.

La seconde raison de mon impatience littéraire ?

L'état de grâce qui fait que je crois en une histoire, en mes personnages, que je les trouve intéressants et dignes de figurer dans un roman, est tout aussi fragile que passager chez moi. Si je ne m'attaque pas tout de suite au roman, si je tarde trop à l'écrire, cet état de grâce disparaît, mon intérêt chute, et je me dis : *l'histoire n'était pas si fascinante, les personnages étaient falots.*

Au fond, ça ressemble à l'expérience de la plupart des lecteurs : échelonnez la lecture d'un livre sur un an, l'interrompant fréquemment, et il y a de fortes chances que vous ne vous rendiez pas au dernier chapitre. En vérité, et vous en avez sûrement fait l'expérience, plus l'interruption est longue, plus elle risque d'être fatale au livre, car on ne se souvient même plus de ce qu'on a lu !

Il y a donc des vertus dans la vitesse, autant pour l'auteur que pour le lecteur !

J'ai dit qu'il y avait deux raisons à ma précipitation littéraire. Il y en a une troisième, au fond : c'est dans ma nature de faire les choses vite.

Ça remonte à loin. Jugez-en par vous-même ! Ma mère me dit que je faillis voir le jour dans le taxi qui l'emmenait à l'hôpital et qu'elle dut serrer les jambes pour retarder ma naissance. J'étais pressé de voir le jour !

Je ne connais pas grand-chose à l'astrologie, mais je sais que je suis du signe du Poisson et que, apparemment, j'ai trois planètes en Bélier : ce qui sans doute annule la lenteur de mon signe et explique mon impatience, car les Béliers sont des fonceurs !

Comment écrivez-vous vos livres ?

Une fois passée l'exaltation du *flash* initial, il me reste encore beaucoup de travail.

La plupart du temps, je développe l'idée en sept ou huit pages, qui contiennent en général les trois actes que comportent la plupart des histoires, à moins bien entendu qu'il ne s'agisse d'une saga, auquel cas les actes sont innombrables.

L'étape suivante consiste à développer ces trois actes en tentant de tenir compte des scènes obligatoires, donc de ce qui doit absolument se passer dans l'histoire. J'y insère souvent dialogues et bribes de scènes, tout ce qui me passe par l'esprit en somme.

J'aboutis facilement à une vingtaine de pages, parfois beaucoup plus, cinquante, cent dans certains cas.

Puis je me mets résolument à l'écriture. Malgré la précision de mon plan, je n'hésite pas à changer beaucoup de trucs en cours de route, restant ouvert aux merveilleux caprices de l'inspiration. Après tout, j'ai choisi ce métier parce que j'aimais la liberté, alors je ne dois pas trop me contraindre !

Il est rare que je me contente de moins de trois versions distinctes, faisant lire chaque version à un groupe différent de lecteurs dont je bois littéralement les commentaires.

En général, j'ai plutôt tendance à couper qu'à m'étendre. (Un autre avantage de la vitesse d'exécution, soit dit en passant : on élague avec moins de regret ce qu'on a écrit au galop !) Je resserre, épure, recherche l'économie du récit, la clarté, l'élégance si possible et le suspense, avant toute chose, pour que mon roman soit une implacable machine à lire.

C'est ce que j'appelle la technique du *slinky,* ce ressort métallique que vous placez au sommet d'un escalier et qui descend toutes les marches jusqu'à la fin, propulsé par la force de la gravité. Je fais en sorte que mon premier chapitre (et *a fortiori* ma première phrase) soit la première marche de l'escalier et le lecteur, un *slinky* qui a fait l'erreur d'y poser le pied. Si j'ai réussi, le lecteur est entraîné à toute vitesse jusqu'au dernier chapitre, lisant dans son bain, le métro, au nez de son patron, ou de son conjoint ! Désolé de l'inconvénient ! Soyez indulgent, ils ne sont responsables de rien : c'est moi le coupable, et je m'en félicite !

J'ai toujours eu la conviction qu'il était plus difficile de faire 400 que 200 bonnes pages. Et je crois que dans un roman correct de 350 pages se dissimule parfois un excellent roman de 200 pages que le romancier n'a pas eu le courage ou le bon goût d'extraire comme Michel-Ange extrayait une statue magnifique d'un bloc de pierre.

Vient pourtant un moment où j'atteins le point de saturation ou d'écœurement, si vous voulez. Comme disait Boileau : « Qui ne sait se limiter ne saurait écrire ! » Il ne le disait pas dans ce sens, mais c'est ainsi que j'utilise sa maxime.

Goethe a dit : «Toute mon œuvre n'a été qu'une longue confession.» Je ne suis pas le sage de Weimar, et je donne rarement dans l'autofiction, si à la mode par les temps qui courent. Mais il n'en demeure pas moins que j'ai assez de lucidité pour voir que plusieurs de mes romans sont la résolution imaginaire et parfois cathartique de conflits intérieurs, de tristesses secrètes. Le roman que vous lisez est souvent pour moi un tout autre roman.

Quel est votre horaire d'écriture ?

Je suis un diurne.

J'aime écrire tôt le matin, disons à partir de sept ou huit heures.

Je prends une très brève pause de quinze minutes pour le lunch, et je continue jusqu'à quinze ou seize heures, rarement plus tard.

Je fais donc sept ou huit heures par jour, ce qui n'était pas le cas à mes débuts où j'étais crevé au bout de trois ou quatre heures. Question d'entraînement sans doute : le muscle littéraire existe, il faut croire !

Si j'écris le soir, je suis moins bon le lendemain matin, j'ai besoin de ces heures de pause pour me ressourcer. Et puis on dirait que mon intelligence romanesque, si tant est que j'en aie une, prend congé de moi à l'heure de l'apéro, que j'en prenne un ou pas.

En outre, je tiens à avoir une vie familiale normale, *whatever it means*. C'est pour cette raison que j'écris rarement le week-end, sauf si je suis sur le point de terminer le roman.

Je me conforme au fond à la sagesse souriante de Bouddha, de toute ma préférée : « Ni trop lâche ni trop tendue, ainsi doit être la corde de l'arc.»

Êtes-vous discipliné ?

Informées de mon horaire de travail plutôt strict, plusieurs personnes me disent : «Vous devez avoir beaucoup de discipline !»

Ma réponse : « Non, aucune ! »

Elles s'en étonnent jusqu'à ce qu'elles entendent mon explication.

La discipline pour moi, c'est… de ne pas manger de chips, de frites, de *smoked meat,* pour ne pas devenir énorme, car mon métier est si sédentaire.

Ce qui me permet d'enchaîner roman sur roman, année après année ?

Pas la discipline donc, mais mon ambition et mon énergie débordantes.

Et aussi le sentiment, l'espoir, parfois illusoire (mais je suis facile à duper !) que je pourrai faire mieux la fois suivante, écrire enfin un très bon livre.

Et puis il faut comprendre qu'écrire est un métier : si on est incapable de s'asseoir plusieurs heures par jour, tous les jours, pour l'exercer, c'est peut-être que ce n'est pas un métier pour nous, mais juste un fantasme. On peut aussi le faire en dilettante, bien sûr et arriver parfois à de fort bons résultats, meilleurs même qu'un professionnel. Tout est possible.

J'ajouterais ceci, qui explique ma fausse discipline, et c'est sans doute le plus important. Malgré les irritants du métier, même s'il faut souvent des années pour en vivre et qu'on n'y arrive pas toujours et que ce n'est jamais définitivement acquis, écrire est grisant.

Car rien n'égale l'excitation qu'on éprouve lorsqu'un personnage fait un acte qui nous émeut ou nous étonne. Lorsqu'il a un mot d'esprit, ce mot d'esprit n'existait évidemment pas avant qu'il ne le fasse et vous, l'auteur, vous êtes le premier à l'entendre, à en rire. Quelle expérience !

Oui, écrire, c'est comme une drogue, mieux encore qu'une drogue puisque, après usage, vous n'avez pas de maux de tête, vous êtes au contraire apaisé, exalté, vengé ou satisfait aussi parfois, par procuration bien sûr, et enrichi aussi au lieu d'être ruiné, si du moins vous avez bien travaillé et que le livre plaît.

Oui, écrire, c'est chaque fois quitter un quotidien qui n'est pas toujours fascinant, pour partir à bon compte en voyage vers l'inconnu, malgré la présence d'un plan.

C'est vivre six ou sept heures par jour dans un monde intense, vibrant, imprévisible où tout peut arriver : les grands sentiments, les folles aventures. C'est faire la rencontre de personnages drôles, excentriques, fous, brillants, sympathiques, ce qui n'est pas toujours le cas dans la vie de tous les jours.

C'est parfois si intense que, justement, la vie de tous les jours paraît fade en comparaison.

Auriez-vous pu faire un autre métier ?

Non, je ne crois pas, et vous non plus sans doute, surtout après ce que je viens de dire.

Car j'adore mon métier, qui convient parfaitement à ma nature et à mes dispositions intérieures.

D'ailleurs, ça me chagrine toujours lorsque je vois des gens – trop nombreux hélas – qui n'aiment pas leur métier. C'est quand même le tiers de sa vie qu'on passe à travailler, et quand on n'aime pas son métier, ça ne peut faire autrement qu'affecter l'autre tiers de notre vie – le seul qui nous reste au fond – pendant lequel on ne dort pas.

Oui, j'aime mon métier profondément. C'est comme un amour d'adolescence qui aurait mal débuté, parce que la femme aimée ne voulait pas de moi, et qui a fini par marcher en raison de ma longue, très longue insistance. N'est-ce pas ce que Guitry annonçait du reste lorsqu'il disait : « Réussir c'est faire à quarante ans ce qu'on rêvait de faire à vingt ans. »

Au lieu de m'en être lassé avec le temps, comme un homme mal marié de sa femme, je l'aime de plus en plus, ce métier, car il me semble que je commence à le maîtriser un peu mieux, même si on ne le maîtrise jamais vraiment, pas plus que le golf.

Oui, il me semble que je vais enfin commencer à écrire de bons livres. Pensée consolante, car je trouve des défauts dans tous mes livres et c'est une des raisons pour lesquelles je ne relis pour ainsi dire jamais mes livres publiés : j'ai le don de tomber sur des phrases qui me hérissent !

Peu de discipline littéraire, donc...

Mais beaucoup de passion et d'énergie...

Une capacité de me renouveler aussi : en vérité, une semaine après avoir terminé un roman, je suis tout à fait reposé ; il me semble même qu'il y a un an que je n'ai pas écrit, si bien que je suis déjà prêt, pour ne pas dire impatient de reprendre le collier...

Lorsque trop de temps se passe sans que j'écrive, je m'ennuie ou me sens inutile. Je sais, je ne devrais pas, c'est un peu une forme d'aliénation …

À la vérité, il ne se passe jamais une journée sans que je pense, au moins pendant quelques minutes, à mes livres, ceux que je suis en train d'écrire, ceux que j'écrirai.

Quant à ceux que j'ai déjà écrits : j'espère surtout qu'ils se vendront bien, qu'ils n'auront pas été une mauvaise affaire pour l'éditeur qui a accepté de les publier, et j'espère, je l'avoue, recevoir un chèque de droits d'auteur intéressant.

Sinon, je n'y pense guère et pour tout vous dire c'est un peu comme si c'était quelqu'un d'autre que moi qui les a écrits quand on m'en parle. Souvent, je ne me souviens plus du nom des personnages ni des détails de l'intrigue. J'ai tourné la page, si on peut dire.

J'aime ce que… j'écris, ce que je vais écrire, non pas ce que j'ai écrit même si j'ai parfois un bref élan de vanité lorsque je n'ai rien à faire, ce qui arrive rarement heureusement.

Je me définis non pas par ce que j'ai écrit, mais par ce que je suis en train d'écrire. C'est une sorte de maladie de l'esprit, je n'en disconviens pas, mais en même temps elle est utile et ne déplaît pas aux éditeurs, et je l'espère, aux lecteurs à qui je fournis régulièrement des œuvres nouvelles.

Un jour, il y a de cela plusieurs années, j'ai vécu une expérience étrange. Un soir, je me suis rendu compte que j'avais passé la journée entière sans penser à aucun livre. Il m'a même semblé que pendant quelques heures j'étais une autre personne et ça m'a un peu effrayé.

Je suis conscient qu'un jour, ça va s'arrêter. Je vais me lever et la corbeille qui contient l'offrande matinale sera vide. Je n'aurai plus envie d'écrire, plus rien à dire, sous peine de me répéter. Que ferai-je alors ?

Je voyagerai plus, du moins si j'en ai la capacité physique, je lirai, je verrai plus souvent mes amis, je jouerai plus souvent au golf, toutes ces choses dont je me prive, car écrire prend tant de temps. Oui, au fond, j'ai peut-être plus de discipline que je veux bien l'avouer !

Mais si vous n'aviez pas été écrivain, quel métier auriez-vous choisi ?

Je ne sais guère. Peut-être aurais-je poursuivi l'aventure mystique entreprise à seize ans et mise en veilleuse à vingt-deux ans.

J'y pense parfois avec nostalgie et curiosité, et même parfois je me dis que j'ai raté ma véritable vocation. L'appel mystique est si fort, si envoûtant, dès qu'on est « entré dans le courant », comme disent les bouddhistes, et les joies ordinaires nous semblent si pâles, si pâles en comparaison.

Mais une voix intérieure m'a pour ainsi dire ordonné à l'âge de vingt-deux ans, de mener une vie normale, et c'est ce que je tente de faire avec plus ou moins de succès.

Que pensez-vous de la critique ?

J'ai envie de vous faire la même réponse que fit un jour le grand guitariste classique Andrés Segovia, idole de ma jeunesse, lorsqu'on lui demanda ce qu'il pensait de la guitare électrique : « Je n'y pense pas ! »

Il faut dire qu'elle non plus ne pense guère à moi et que, en somme, nous sommes quittes.

Non seulement je ne pense pas à la critique, mais je ne la lis pas. Depuis au moins une douzaine d'années. D'ailleurs, je dis volontiers : « Je ne fume pas, je ne bois pas, je ne lis pas la critique. » C'est mon hygiène de romancier. Est-ce de la force morale ou de la faiblesse, un mécanisme de défense pour ne pas être blessé ? Je ne saurais dire.

Je me suis rendu compte, jeune, que le plaisir d'une bonne critique ne me faisait pas oublier le désagrément d'une mauvaise et j'ai préféré ne plus courir de risque, ne plus rien lire du tout.

En fait, nous, auteurs, sommes pour la plupart de grands, d'immenses vaniteux : si on était honnêtes, on avouerait que la seule critique que nous tolérerions serait fort brève et se lirait ainsi : « Chef-d'œuvre, à lire absolument : l'auteur est un génie ! » Tout ce qui est en deçà, ou différent, nous irrite !

Donc je me suis dit : *je ne lis plus rien*, et je m'en suis tenu à cette étrange résolution. Il faut dire que, est-ce par égocentrisme suprême, je ne suis pas, comment dire sans passer pour un monstre, extrêmement curieux de l'opinion des gens à mon sujet. Je précise que pour l'opinion des gens au sujet de mes livres, j'en tiens énormément compte AVANT que le livre paraisse et j'ai été jusqu'à relire dix fois le rapport de lecture d'un éditeur. Mais après, qu'y puis-je ? Je me vois un peu comme un parent qui a tout donné pour l'éducation de son enfant. Une fois adulte, je n'y puis rien, qu'il se débrouille, qu'il vole de ses propres ailes !

Je m'empresse de préciser que j'apprécie infiniment les commentaires (surtout élogieux, bien sûr) de mes lecteurs. Quand un lecteur m'écrit que tel de mes livres a changé sa vie, qu'il a pleuré ou ri à sa lecture, ça me touche évidemment. Et parfois, comme par magie, ça devient le petit remontant dont j'ai besoin dans les brefs moments de découragement que je connais parfois, surtout entre deux livres.

Donc je me targue de ne pas lire la critique ?

Vous n'auriez pas grand-chose à vous mettre sous la dent, me direz-vous ! Vous avez raison. La critique, la plupart du temps, m'ignore complètement.

Si j'étais critique, je ferais probablement la même chose.

Comme puis-je dire ça ?

Je peux dire ça comme on peut dire ça de n'importe qui quand on se met VRAIMENT à sa place. Si on pouvait se mettre vraiment dans les souliers, dans la tête, dans le cœur de quelqu'un, on penserait et agirait comme lui forcément : et s'il était critique, on aurait les mêmes goûts, les mêmes dégoûts.

Les auteurs qui écrivent pour le grand public populaire déplorent que les critiques les ignorent, les auteurs sérieux déplorent que le public les ignore malgré les critiques dithyrambiques, et ils envient les chèques de droits d'auteur de leurs collègues moins littéraires. Personne n'est heureux, même si c'est le plus beau métier du monde.

Moi je tente de faire contre mauvaise fortune bon cœur. On ne peut tout avoir, du moins en général.

Ai-je vraiment le choix du reste ?

Ce qu'on ne peut changer, on doit l'accepter : c'est une des règles incontournables du bonheur et comme c'est la seule chose qui compte vraiment…

2

Comment je me note

Ceux qui me connaissent savent que, après chaque conférence, je me note. Lorsque j'ai été excellent, je me donne 9 sur 10. Je ne me suis jamais donné 10. Si je suis bon, mais moyennement inspiré, je me donne 8 ou 8,5. Lorsque je suis mauvais, ce qui heureusement ne m'arrive pas trop souvent, c'est un 7.

Ceux qui m'ont souvent entendu sont en général d'accord avec les notes que je m'alloue, comme quoi je suis assez lucide à ce chapitre.

Mais quelle note puis-je m'accorder pour le reste? Tentons l'exercice ensemble en espérant qu'il vous donnera envie de le faire pour vous-même, car je le crois assez utile, si du moins on est honnête avec soi.

Intelligence : 6

Je m'empresse de préciser que je ne me trouve pas stupide et qu'il faut forcément un minimum d'intelligence pour exercer un métier intellectuel comme celui de romancier. Mais si on pense que l'ancien champion d'échecs Alexandre Alekhine pouvait jouer 35 parties simultanées à l'aveugle (c'est-à-dire sans voir les échiquiers), ça met les choses en perspective. Moi, à l'époque où je jouais beaucoup, je parvenais à en jouer une mais pas plus.

Je sais aussi que je ne comprends pas la théorie de la relativité. Plusieurs gens croient la comprendre : j'ai cet avantage sur eux. Einstein disait que, de son vivant, il n'y avait pas 5 personnes qui la comprenaient, ça me console un peu.

Je suis incapable de changer l'heure sur ma voiture sans le manuel d'instruction, ce que ma fille faisait déjà à 7 ans : 6 sur 10, donc, ce qui est la note de passage à l'école. Je suis assez intelligent pour faire mon métier et si je l'étais plus, si j'avais 7 ou 8 ou 9 sur 10, j'aurais sans doute plus de succès, car je comprendrais ce qu'il faut faire pour en avoir davantage.

Mémoire : 7

Je peux me souvenir d'une citation ou d'un bref passage de livre lu il y a vingt ans, ce qui est fort utile quand on écrit.

Je tiens sans doute cette faculté de ma mère, qui a une mémoire d'éléphant même à quatre-vingts ans passés et nous raconte des choses qu'elle a faites et dites quand elle avait dix-huit ans, c'en est étourdissant.

Bonne mémoire, ai-je dit ?

Mozart pouvait retranscrire de mémoire toute une messe de Bach, entendue dans une église. Et il y a des gens qui peuvent réciter une page après l'avoir lue une seule fois.

Parti en voyage en oubliant ses livres derrière lui, Freud pouvait citer des passages entiers pour étayer tel ou tel point de son exposé.

Encore une fois, ça met les choses en perspective.

Sens des affaires : 7

Je me débrouille assez bien dans un métier où 90 % des gens crèvent littéralement de faim. Remarquez, ils n'y mettent pas tous autant de temps et d'efforts, auquel cas ils auraient le même succès. Il faut ajouter que j'ai une excellente agente, des éditeurs pour la plupart honnêtes. Et aussi je veille au grain.

Je n'ai pas voulu suivre les traces de mon père et devenir comptable agréé, mais je sais compter et j'aime les chiffres. On est souvent bien plus proches de ses parents qu'on ne le croit même si, en apparence, on a choisi un métier bien différent !

Ordre (dans mon bureau) : 3

Un jour, j'ai été cambriolé. Lorsque le policier venu faire le constat est arrivé dans mon bureau, il s'est exclamé : « Ils ont tout saccagé ! » Après une hésitation, j'ai dodeliné de la tête en signe d'acquiescement, même si les voleurs n'avaient pas mis le pied dans mon bureau. Son désordre épouvantable avait dû les effrayer !

Je ne suis pas fier de ce désordre et je ne le recherche pas, il se crée par une sorte de loi mystérieuse de la nature, une sorte de génération spontanée.

Je reçois du courrier, je ne l'ouvre pas, le pose près de mon ordi, je lis un article de journal intéressant, le découpe, ne le classe pas tout de suite, faute de temps. Il y a bien une dizaine de livres que j'ai commencé à lire, qui sont là sur mon bureau, à côté de manuscrits qu'on m'a demandé de lire, ça s'accumule.

Je fais régulièrement (je n'ai pas dit : souvent, nuance qui me sauve !) le ménage, mais surtout entre deux livres et, tiens, j'y pense tout à coup, c'est peut-être la raison pour laquelle je tente d'écrire si vite mes livres !

Beaucoup de gens proclament que l'ordre dans les choses est le reflet de l'ordre dans l'esprit. Mais qu'ils viennent m'affronter dans une partie d'échecs ou dans une joute dialectique, et on verra qui possède l'esprit le plus ordonné ! Cela dit, je ne me pose pas en défenseur du désordre. Je préférerais (et ceux qui vivent autour de moi aussi, vous le devinez) avoir plus d'ordre dans mon bureau.

J'y travaille.

Entre deux livres.

Je ne suis pas parfait !

Ordre (dans ma tête) : 9

Depuis l'âge de seize ans, je sais ce que je veux faire dans la vie, j'y pense constamment et je n'ai jamais changé d'idée. Mon éthique est simple : tout ce qui me rapproche de mon but, je le cultive, tout ce qui m'en éloigne, je tente de l'éviter.

Même si je fais en général un plan du livre à venir, souvent je ne le consulte guère une fois en route, comme si le gamin en moi voulait faire l'école buissonnière, faire à sa tête… dans laquelle tout est assez ordonné !

Logique : 9

À l'université, mon sens de la logique me faisait des ennemis chez les profs de philo, avec qui j'argumentais, la plupart du temps avec succès.

Excédé, un prof m'avait accusé : «Vous êtes un néant qui réussit !» Jolie formule, je trouve. Je ne sais pas si je suis encore un néant, mais j'ai renoncé à argumenter. Les gens aiment trop avoir raison, même s'ils ont tort.

Et vos triomphes, comme ceux de Pyrrhos, sont coûteux : vous vous faites des ennemis, et les gens ne changent pas leur manière de penser de toute manière.

D'ailleurs, c'est à mes yeux un des plus grands mystères de la vie : que les gens qui sont malheureux, frustrés et sans succès restent quand même persuadés que leur système de pensée est le meilleur et que les autres sont dans l'erreur, même si leur niveau d'épanouissement intérieur est infiniment supérieur. Du reste, à bien y penser, c'est peut-être pour cette raison qu'ils croupissent dans leur médiocrité : ils sont incapables de s'ouvrir au changement, de penser qu'ils pourraient être autre chose que ce qu'ils sont.

J'ajoute que je n'ai pas mis en veilleuse mon sens de la logique dans tous les domaines, il est nécessaire quand j'écris bien sûr, en affaires, aussi, surtout si je me retrouve devant quelqu'un qui tente de me filouter ou devant un éditeur qui demande des changements absurdes dans un manuscrit.

Imagination : 7

Picasso disait ou à peu près que, contrairement à ce qu'on croit, l'imagination n'est pas l'apanage de la jeunesse, mais se développe avec l'âge. J'abonde en ce sens. Plus j'avance en âge, plus je suis capable d'«être dans une scène», je veux dire de voir tout ce qui s'y passe, chose que je réussissais difficilement plus jeune.

Je ne manque pas d'idées, certes, mais il me semble que je pourrais avoir des idées plus originales, et ce sentiment s'exacerbe lorsque je vois certains films, surtout des films pour enfants ou de science-fiction où les personnages sont vraiment extraordinaires de fantaisie et de nouveauté.

Je travaille là-dessus, sans pouvoir vous faire de promesses ! Remarquez, il y a plein de romanciers qui ont réussi sans avoir une imagination délirante, surtout les romanciers réalistes – et il y en a de très grands – qui ont décrit des milieux, des êtres réels, des sentiments.

Énergie mentale : 9

Je ne me fatigue pas facilement, je suis vite reposé après un livre. L'énergie est presque toujours là, abondante, qui donne d'ailleurs une saveur et un sens à la vie. On le constate dès qu'on tombe malade et que tout nous pèse, tout nous ennuie. Cette énergie est sans doute un des plus grands cadeaux de la vie, avec l'égalité d'esprit et le contentement.

Parfois ça me cause un problème, cette surabondance d'énergie, je me lève trop tôt, à deux ou trois heures du matin, et si je me mets tout de suite au travail, surtout si ça dure plusieurs jours, je deviens très fatigué, et je tombe pour ainsi dire.

Écolier, j'avais un problème similaire. En période d'examen, je me levais à minuit ou une heure du matin pour étudier, apprenant par coeur les exceptions en bas de page dans ma grammaire latine !

Curiosité : 7

J'aimerais pouvoir lire tous les livres, voir tous les musées, connaître tous les pays, toutes les musiques. Mais je ne suis tout de même pas Léonard de Vinci dont Freud a dit, justement il me semble, qu'il était le plus curieux de tous les hommes. (Il attribue cette curiosité prodigieuse à sa continence amoureuse.) Je ne m'intéresse pas comme lui à la physique, à la médecine, à la peinture, aux mathématiques...

Ma curiosité livresque est plus littéraire, philosophique et ésotérique.

Ambition : 9

Vous vous en doutez, alors je vous fais grâce des commentaires.

Détachement : 9

Ce n'est pas une véritable contradiction. J'agis comme un vrai ambitieux, mais je ne me prends pas au sérieux, mais alors là, pas du tout, car je sais bien, et me rappelle tous les jours qu'on n'emporte rien avec soi, que la popularité est éphémère et que le plus important est de s'amuser, de se sentir libre intérieurement et de passer du temps avec ceux qu'on aime.

Tout le reste n'est que… littérature comme disait Verlaine ! Bon à se rappeler pour un romancier !

Patience : 9

L'amour de ce qu'on fait engendre forcément la patience, car il contient en soi la plus grande récompense. N'est impatient que celui qui ne désire que les résultats et qui aime médiocrement ce qu'il fait… Et pourtant…

Impatience : 9 (ce n'est pas une erreur)

J'essaie d'agir en toute chose avec ce sentiment paradoxal que j'ai toute la vie devant moi, mais que… je peux être mort dans un mois ! Et donc que je n'ai pas de temps à perdre et qu'il faut faire les choses vite et (si possible) bien.

Ce qui engendre chez moi mon pire défaut, je crois : je suis assez avare de mon temps. Comme j'ai tant de projets, et qu'il y a si peu d'heures efficaces dans une journée, je gère mon temps un peu égoïstement, il me semble. Je le déplore souvent, car les rencontres sont si enrichissantes et j'ai des amis si parfaits… Pour cette raison, j'ai souvent refusé des amitiés nouvelles : je ne m'en félicite pas et au contraire

m'en désole souvent. C'est une sorte de sacrifice pour accomplir ce que j'ai à accomplir.

Dans *Si j'ai bonne mémoire*, Sacha Guitry
raconte une anecdote qui m'a toujours fasciné
et témoigne de son état d'esprit, de son génie.
Un de ses amis est venu le visiter, et comme il
achève à toute vitesse l'acte d'une pièce (il
écrivait des pièces en trois jours, des actes en
une matinée!), il lui propose : «Assoyez-vous et
lisez pendant que j'écris.» En lisant cela, je
comprends que je n'ai pas le génie furieux de
Guitry. Malgré mon impatience, je m'inter-
romps, parfois à regret, il est vrai, dès qu'un
visiteur se pointe!

Intuition des êtres, de leur état intérieur, de leur bonheur : 9

Est-ce par déformation professionnelle de
romancier? Ou suis-je devenu romancier en
raison de cette intuition? Il me semble que je
devine assez facilement les êtres.

Un jour, un ami éditeur me demande
d'assister à un repas au cours duquel il doit
rencontrer une candidate pour la direction de
sa société. Après le repas, il me demande ce
que je pense d'elle. Je réponds :

«Elle est supérieurement intelligente,
honnête et fidèle.

– Mais comment fais-tu pour dire ça, me demande-t-il, étonné, elle a à peine prononcé trois mots ?

– Je ne sais pas. Je te dis juste ce que je pense d'elle.»

Il l'embauche et elle devient sa meilleure directrice et est d'ailleurs encore à son emploi vingt ans plus tard.

D'un autre candidat pour une autre de ses sociétés, je lui dis : «Il est ambitieux et très intelligent, mais ne tolérera pas ton autorité.»

Il l'embauche quand même : trois mois plus tard, le type démissionne.

Bon, je ne dis pas que je ne me trompe jamais, mais mon intuition est assez sûre, je ne peux pas l'expliquer, ça ressemble un peu à ce qui se passe lorsque je m'assois au piano : je n'ai jamais appris, mais je joue du premier coup, presque sans fausse note, n'importe quel morceau que je viens d'entendre.

Facilité avec les autres : 9

Bien que mon métier soit solitaire, j'aime sincèrement la compagnie des gens. Simplement, je manque de temps et ai parfois besoin de silence pour ne pas user mes réserves verbales, nécessaires pour écrire.

Facilité à être moi : 9

C'est facile d'être moi. Très. Et plutôt agréable. Ne le voyez pas comme de la vantardise, je vous en prie. Vous aussi pouvez parvenir à cet état si vous n'y êtes pas déjà. Je n'ai pas beaucoup de conflits intérieurs et ils sont, comme les tempêtes dans la nature, rarement durables.

J'en remercie mes parents, qui ont été parfaits en tous points. On dit qu'on les choisit : en ce cas, j'ai fait un excellent choix. Ils m'ont donné tout ce que des parents peuvent donner à un enfant. Je n'ai pas le souvenir d'une seule dispute, d'un seul argument, et encore moins d'une gifle ou même d'un reproche de leur part. Je sais que ma longue solitude ascétique et mon choix de devenir romancier les ont secrètement chagrinés, mais ils ont eu cette élégance admirable de ne jamais me les reprocher et de toujours m'encourager.

Oui, donc c'est facile d'être moi. Mais je m'empresse d'ajouter que j'ai dû travailler pour en arriver là. Je crois que la plupart des gens pourraient parvenir aux mêmes résultats, si du moins ils croyaient en la possibilité de la transformation intérieure et s'ils s'y mettaient, en y consacrant le meilleur d'eux-mêmes, peu importe leur état actuel.

Je suis content d'avoir eu une crise existentielle à seize ans.

Sans trop savoir pourquoi, on aurait dit que j'étais vieux avant l'âge, revenu de toutes mes illusions sans n'en avoir jamais eu, forcément, vu mon jeune âge.

Comme bien des adolescents, j'ai eu une grosse déception amoureuse, il est vrai, mais il y avait plus que cela, je crois. Il y avait en moi une petite voix qui me disait que c'était mieux ainsi, que même c'était une bonne chose, que la belle jeune femme qui m'avait repoussé était la complice de mon destin, que mon chagrin était une chose nécessaire à mon évolution, comme chez les alchimistes : la mort du vieil homme à la renaissance intérieure.

Je me disais, je ne vois rien en ce monde qui peut m'offrir le bonheur : ni le succès, ni l'amour, ni le travail, ni la gloire, ni la richesse. Rien. Je me disais aussi que la seule chose qui m'intéressait c'était, un peu curieusement, je n'en disconviens pas, l'expansion de ma conscience.

J'avais la certitude intuitive que je pouvais élargir ma conscience, devenir plus calme, plus intelligent, plus heureux en somme. Pourtant, je ne manquais pas d'intelligence, car j'avais toujours été premier de classe, et j'étais déjà calme. Mon père m'avait décrit comme un enfant calme, je l'ai dit, et, à seize ans, je me souviens, un ami souvent torturé m'avait avoué : «Ta seule présence me calme.»

Mais il me semblait qu'il y avait plus, beaucoup plus et c'est cet état que je voulais atteindre. Je me demande parfois : *«Pourquoi cette vocation précoce vers le mysticisme?»* Avais-je entrepris dans une vie antérieure un travail qu'il me tardait de poursuivre, après l'oubli de seize ans de mes premières années d'existence? Je ne saurais dire. Mais ce que je sais, c'est que j'avais cette volonté bien arrêtée d'entreprendre le travail sur soi.

J'avais aussi la certitude que je n'avais pas besoin de maître à mes côtés, que j'y parviendrais seul.

Je me leurrais peut-être. Je regardais souvent avec admiration, sur la couverture d'un livre de Jean Herbert, *Spiritualité hindoue,* la photo d'un maître dont je sus longtemps après qu'il s'agissait de Ramana Maharshi. Son sourire magnifique et détaché me semblait le summum de la beauté, un idéal à atteindre en somme. Qui sait, c'est peut-être lui qui guida mes pas, m'inspira et me réconforta dans les moments de doutes et de difficultés. On sait si peu de choses, si peu de choses!

Chose certaine, mon intuition était juste : rapidement, je commençai à connaître toutes sortes d'expériences intérieures simplement parce que je parvenais à rester parfaitement pur. J'avais cette intuition que ce sacrifice, malaisé à seize ans, suffirait. Et je crois que c'est valable pour toute personne. Seulement, ce n'est pas facile ni très populaire en notre époque suprêmement hédoniste. Bouddha a dit : « S'il y avait un seul autre obstacle aussi difficile que la chasteté, la réalisation spirituelle serait impossible. » Il savait de quoi il parlait. Je crois que j'avais des dispositions pour la continence. J'étais peut-être de naissance un *urdhvareta*, un être qui peut spontanément transformer son énergie sexuelle en énergie spirituelle.

Dans mon cas, après quelques premières semaines difficiles et éprouvantes, mes pulsions se calmaient, et j'éprouvais un apaisement, comme si l'énergie sexuelle, incapable de sortir par les voies naturelles, était forcée de commencer son ascension. Alors, se produisaient toutes sortes d'expériences spirituelles, d'abord un calme accru, une joie constante, des fous rires, et le sentiment aussi que je pourrais mourir tout de suite, vraiment, sans problème, parce que, enfin, j'éprouvais, constamment et sans raisons extérieures (elles ne valent rien, *anyway*!), ce bonheur que j'avais toujours cherché, seulement, de la mauvaise manière, aux mauvais endroits.

Faites-en l'essai pour un temps, surtout lorsque vous vous retrouvez seul par quelque décision du destin. Au lieu de céder aux joies faciles de l'onanisme, fermez les portes, restez pur. Vous aurez peut-être d'agréables surprises. Si ça ne marche pas, reprenez votre vie ordinaire.

Cela dit, je m'empresse de préciser que ce n'est pas parce que j'ai connu quelques expériences intérieures que je suis devenu un maître spirituel. J'ai encore de nombreux défauts. Je suis simplement « entré dans le courant », comme des milliers de gens, du reste, qui parfois ne le savent pas et ne l'ont pas recherché, car l'éveil est parfois spontané. C'est seulement le premier degré du chemin spirituel, il y a des dizaines et des dizaines d'états plus élevés.

Cette entrée dans le courant vous isole d'une certaine manière, mais c'est la solitude la plus agréable du monde, car du même coup vous vous êtes trouvé, vous avez enfin éprouvé le sentiment de « rentrer à la maison » : c'est désormais facile d'être vous. *Welcome to the club* !

Persévérance : 10

C'est ma principale qualité et c'est pour cette raison que, pour la première fois de cette évaluation, comme vous l'avez sans doute remarqué, je me décerne la note parfaite de 10.

Je ne renonce pas facilement. Lorsque les gens me demandent ce que je pense du «lâcher-prise», si à la mode en notre époque, je dis plutôt : «Ne lâchez pas !» Bon, je sais, il y a des situations où il est préférable de ne pas insister, surtout en amour. Sinon ça devient carrément du harcèlement ou le signe d'une piètre estime de soi.

Mais pourquoi les gens abandonnent-ils si aisément ? Pourquoi ne persévèrent-ils pas ?

Parce qu'ils ne sont pas sûrs d'eux, bien sûr !

Parce qu'ils ne sont pas sûrs qu'ils font la chose qu'ils devraient faire…

Parce qu'ils n'aiment pas vraiment ce qu'ils font et dès le premier obstacle, ils renoncent…

J'ai plusieurs défauts, mais je n'ai pas ces trois graves défauts : aussi, je suis persévérant.

Quel est l'état idéal pour vous ?

C'est… d'être heureux sans savoir pourquoi, constamment, d'éprouver de fréquents élans d'amour sans objet (et parfois aussi avec des objets), c'est de ne pas se sentir trop malheureux quand les choses vont mal…

C'est d'accepter l'inévitable, la maladie ou la mort des êtres chers, la fin de l'amour, les échecs…

C'est d'être content de son état, et de tenter aussi de l'améliorer, mais sans folle impatience…

C'est d'être sincèrement heureux du succès et du bonheur des autres, comme s'ils étaient tous vos propres enfants. C'est de ne jamais être envieux, pour les mêmes raisons.

C'est d'être encore un enfant, même avec un corps qui vieillit, c'est de s'émerveiller constamment, rester souple, comme les enfants et non pas raides, et grognons, et fermés, comme trop de vieux, qui ont parfois seulement vingt ans !

C'est de donner sans compter et sans attendre de retour parce que c'est le plaisir de donner qui compte, c'est d'être comme le soleil qui donne sa lumière sans rien attendre, ce qui ne le prive de rien, sauf erreur…

C'est de vivre avec le sentiment précis de sa destinée et de son rôle dans la vie qui est simple et toujours le même, pour tous : de progresser sur le chemin de lumière et d'aider.

C'est de ne presque jamais médire ou penser de mal des autres sauf lorsqu'on est en dessous de soi-même, et alors de s'en rendre compte et tout de suite se reprendre, se taire ou dire du bien…

C'est d'aimer les autres constamment même si on n'a pas besoin d'eux pour son propre bonheur…

C'est de ne pas provoquer de tempête, comme tant de gens qui ne pourraient vivre sans elles, c'est de rester calme dans la tempête lorsqu'elle survient, c'est d'être témoin de sa vie, comme un acteur qui garde ses distances avec son rôle, aussi important soit-il, c'est de voir la Vie comme un Jeu.

C'est d'avoir un esprit calme qui s'est élevé au-dessus du fou tourbillon de la vie moderne, c'est d'être rarement préoccupé, parce qu'on sait que la Vie, la destinée ou Dieu, si vous voulez, s'occupe des grandes et des petites choses de notre existence avec une perfection qu'on comprend juste après, en général. Pourquoi ne pas l'accepter tout de suite et commencer tout de suite à être heureux? Pourquoi ne pas laisser tomber la personne en nous qui est malheureuse et qui n'est pas vraiment nous, mais juste une illusion trop commune, hélas, juste une mauvaise habitude?

C'est d'avoir le sentiment qu'on a tout son temps, c'est de ne jamais être pressé puisqu'on a... l'Éternité devant soi, des centaines de vies, des centaines d'occasions de bonheur et de succès!

C'est d'aimer respirer, simplement, et parfois, au mieux de sa forme, un peu mystérieusement, d'avoir le sentiment de respirer par les pieds, par les mains, être au-dessus de soi, littéralement, de se voir de haut, et aussi de voir autour de soi, au-dessus de sa tête, des lutins qui dansent, amusés...

C'est de goûter les choses simples de la vie, de tremper ses mains dans l'eau chaude de la vaisselle, de marcher, nager, respirer une fleur, la contempler.

C'est de rester un long moment assis à ne rien faire dans le silence et être content de cela, c'est de se dire: *voilà je suis X, je vis en ce pays, en ce siècle, et je suis le seul être sur terre à avoir cette expérience, je suis unique en somme et voilà ma richesse, malgré mes difficultés...* Et voyant cette richesse, aussitôt je m'élève au-dessus des mes contrariétés, de mon malheur et je goûte cette expérience unique.

C'est de voir que ce qui compte vraiment c'est… vivre !

C'est, plus encore, atteindre cet état de facilité à être, consacrer toute sa vie à cette tâche, la plus importante, la seule au fond, ensuite cultiver cet état, tenter de le transmettre de toutes les manières, pour être un modeste, mais nécessaire maillon de cette merveilleuse chaîne d'or qui illumine l'éternité.

C'est encore de comprendre le plus tôt possible ce qu'est le véritable renoncement : c'est de ne pas accepter le petit moi étriqué auquel on s'accroche, c'est d'y renoncer malgré les difficultés créées par une habitude parfois millénaire, et de devenir ce qu'on est vraiment : un être magnifique et libre, libre de tout faire et de tout être, dans tous les univers et dans toutes les époques !

C'est d'être enthousiaste en somme, et donc, au sens étymologique, d'avoir *theos* en soi, mieux connu sous le nom de Dieu !

Contactez
Marc Fisher

Si vous avez des histoires à partager avec moi
et mes autres lecteurs,
n'hésitez pas à me les communiquer à :

fisher_globe@hotmail.com

Pour entrer en contact avec Marc Fisher,
auteur et conférencier :

fisher_globe@hotmail.com